Staats-

und

völkerrechtliche Abhandlungen.

Begründet
von
Dr. Georg Jellinek und **Dr. Georg Meyer,**

herausgegeben
von

Dr. Georg Jellinek,
Professor der Rechte in Heidelberg,

Dr. Gerhard Anschütz,
Professor der Rechte in Berlin,

und

Dr. Fritz Fleiner,
Professor der Rechte in Heidelberg.

VII. 3. Die Friedensblockade.

Von Dr. iur. Hermann Staudacher.

Leipzig,
Verlag von Duncker & Humblot.
1909.

Die Friedensblockade.

Ein Beitrag
zur Theorie und Praxis der nichtkriegerischen Selbsthilfe.

Von

Dr. iur. Hermann Staudacher.

„International Law is no cast-iron scheme into which facts must be fitted at any cost, but rather a body of rational principles capable of adjustement to new combinations of circumstances.“
Th. E. Holland.

Leipzig,
Verlag von Duncker & Humblot.
1909.

Altenburg
Pierersche Hofbuchdruckerei
Stephan Geibel & Co.

Meinen Eltern

Josephine und **Vitus Staudacher**

in Dankbarkeit.

Vorwort.

Der erste Abschnitt der vorliegenden Arbeit ist, entsprechend dem ursprünglichen Zweck der ganzen Abhandlung, als Heidelberger Inauguraldissertation gedruckt worden unter dem Titel „Begriff, Systematik und Literatur der Friedensblockade". Die hier folgende Gesamtarbeit ist im Verlauf mehrerer Jahre mit monatelangen Unterbrechungen zustande gekommen. Dieser Umstand wird vielleicht gewisse Unebenheiten der Darstellung, die sich zumal im historischen Teile finden mögen, ausreichend entschuldigen. Im übrigen ist die Darstellung durchweg auf den neuesten Stand der Literatur ergänzt.

Meinem verehrten Lehrer, Herrn Geh. Hofrat Prof. Dr. Georg Jellinek möchte ich auch an dieser Stelle für Anregung und mannigfache Förderung der Arbeit meinen aufrichtigsten Dank aussprechen. Wertvolle Hinweise auf Erscheinungen der jüngsten Literatur verdanke ich Herrn Prof. Dr. Oppenheim in Cambridge und Herrn Dr. Sussmann in Heidelberg.

Baden-Baden, im Sommer 1909.

Hermann Staudacher.

Literaturverzeichnis.

Vorbemerkung: Die hier aufgeführten Schriften werden weiterhin, soweit keine Verwechslung zu besorgen ist, nur mit dem Namen des Autors, sonst mit kurzer Andeutung des Titels zitiert werden. In zweifelhaften Fällen wird die gewählte Zitierweise hier in [Klammern] beigefügt.

Rev. d. dr. int. . . = Revue de droit international et de législation comparée, hrsg. v. Asser etc. (sogen. Brüsseler Revue).

Rev. gén. . . . . = Revue générale de droit international public, hrsg. v. Pillet und Fauchille (sogen. Pariser Revue).

Journal . . . . . = Journal du droit international privé et de la jurisprudence comparée, hrsg. v. Clunet.

Kohlers Zeitschrift . = Zeitschrift für Völkerrecht und Bundesstaatsrecht, hrsg. v. Kohler.

Niemeyers Zeitschrift = Zeitschrift für Internationales Privat- und Öffentliches Recht, hrsg. v. Niemeyer.

H H IV . . . . . = Handbuch des Völkerrechts, hrsg. v. Franz v. Holtzendorf, IV. Bd.: Die Staatsstreitigkeiten und ihre Entscheidung 1889.

A. Systematische Darstellungen des Völkerrechts.

Bluntschli, J. C., Das moderne Völkerrecht der zivilisierten Staaten als Rechtsbuch dargestellt, 3. Aufl. 1878.

Bonfils, H., Lehrbuch des Völkerrechts für Studium und Praxis, 3. Aufl. (hrsg. v. Fauchille, übersetzt v. Grah) 1904.

Bulmerincq, A. v., Völkerrecht oder internationales Recht, in Marquardsen, Handb. des öff. Rechts der Gegenwart, I. Bd. 1887.

Calvo, Ch., Le droit international théorique et pratique, 3e éd., tome I, II, III 1880, IV 1881.

Carnazza-Amari, Traité de droit international public en temps de paix, traduit en français par Montanari-Revest, tome II 1882.

Despagnet, Fr., Cours de droit international public, 2e éd. 1899.

Dudley-Field, D., Outlines of an international Code, 2d ed. 1876.
Ferguson, J. H., Manual of International Law, vol. II 1884.
Fiore, P., Trattato di diritto internazionale pubblico, 3. ed., vol. II 1888, III 1891.
Gareis, K., Institutionen des Völkerrechts, 2. Aufl. 1901.
Grotius, H., De iure belli ac pacis libri tres. Ed. nova. Amsterd. 1632.
Hall, W. E., A Treatise on International Law, 4th ed. 1895.
Halleck, H. W., International Law, or, Rules regulating the Intercourse of States in peace and war 1861.
Heffter, A. W., Das Europäische Völkerrecht der Gegenwart, 8. Ausg. (hrsg. v. Geffken) 1888. [Heffter-Geffken.]
Heilborn, P., Völkerrecht, in Kohler, Encycl. d. Rechtsw., II. Bd. 1904 (S. 973 ff.).
Holtzendorff, Fr. v., Das europäische Völkerrecht, bearb. v. Stoerk, in Holtzend., Encycl. d. Rechtsw., I. (systemat.) Teil 5. Aufl. 1890, S. 1257 ff.
Klüber, J. L., Europäisches Völkerrecht, 2. Aufl., hrsg. v. Morstadt 1851.
Lawrence, T. J., The principles of International Law, 3rd ed. 1900.
Liszt, Fr. v., Das Völkerrecht, 5. Aufl. 1907.
Martens, Friedr. v., Völkerrecht, deutsche Ausg. v. Bergbohm, II. Bd. 1886. [Martens II.]
Martens, Gg. Friedr. de, Précis du droit des gens moderne de l'Europe. Augmenté des Notes de Pinheiro-Ferreira, complété par Ch. Vergé, 2e ed., tome II 1864. [G. F. v. Martens II.]
Martitz, Ferd. v., Völkerrecht, in Hinneberg, Kultur der Gegenwart. Teil II, Abt. 8: Systematische Rechtswissenschaft 1906 (S. 427 ff).
Neumann, Leop. v., Grundriß des heutigen europäischen Völkerrechtes, 3. Aufl. 1885.
Nys, Ernest, Le droit international, tome III, 1e partie 1906.
Olivart, de, Manual de derecho internacional público y privado 1886.
Oppenheim, H. B., System des Völkerrechts, 2. Aufl. 1866. [H. B. Oppenheim.]
Oppenheim, L., International Law, vol. II: War and Neutrality 1906. [Oppenheim II.]
Phillimore, Rob., Commentaries upon International Law, 3rd ed. vol. I 1879, III 1885.
Pradier-Fodéré, P., Traité de droit international public européen et américain, tome V 1891.
Rivier, Alphonse, Principes du droit des gens, tome II 1896.
Rivier, Alphons, Lehrbuch des Völkerrechts, 2. Aufl. 1899.
Saalfeld, Handbuch des positiven Völkerrechts 1833.
Schmalz, Das europäische Völker-Recht 1817.
Taylor, Hannis, A Treatise on International Public Law 1901.

Ullmann, Emm. v., Völkerrecht 1898 [Ullmann 1. Aufl.], Neubearbeitung 1908. [Ullmann.]

Vattel, Emer de, Le droit des gens, Nouv. éd. par Pradier-Fodéré, tome II 1863.

Westlake, John, International Law, Part II: War 1907. [Westlake II.]

Wharton, Francis, A Digest of the International Law of the United States, vol. III 1886.

Wheaton, Henry, Elements of International Law, 2d annotated ed. by Will. Beach Lawrence 1863. [Lawrence's Wheaton.]

Wolff, Chr. de, Ius gentium methodo scientifico pertrectatum, Halae 1749.

Woolsey, Theod., Introduction to the study of International Law, 5th ed 1879.

Zorn, Alb., Grundzüge des Völkerrechts, 2. Aufl. 1903.

B. Monographieen weiteren, Repressalien nnd Friedensblockade mitumfassenden Inhalts.

Beling, Ernst, Heilborn's System des Völkerrechts, in Krit. Vierteljahresschrift für Gesetzgeb. u. Rechtswiss., hrsg. v. Bechmann etc. 3. Folge Bd. II (der ganzen Folge 38. Bd.) 1896 (S. 604 ff.).

Berner, „Repressalie, Retorsion“ in Bluntschli und Brater, Deutsches Staatswörterbuch, VIII. Bd. 1864 (S. 596 ff.).

Bulmerincq, Die Staatsstreitigkeiten und ihre Entscheidung ohne Krieg, 25. Stück im H H IV (S. 3 ff.).

Bulmerincq, „Repressalien“ in Holtzend., Encycl. d. Rechtsw. II. (alphabetischer) Teil, 3. Aufl. I. Bd. 1880 (S. 393 f.).

Bynkershoek, Corn. van, Quaestionum iuris publici libri duo, II.: De rebus varii argumenti, Tomus V, ed. secunda, Lugd. Bat. 1751.

Cauchy, Eugène, Le droit maritime international; t. I, II 1862.

Dupuis, Ch., Le droit de la guerre maritime d'après les doctrines anglaises contemporaines 1899.

Fauchille, Paul, Du blocus maritime 1882.

Geffken, Heinr., Das Recht der Intervention, 26. Stück im H H IV (S. 129 ff.).

Geffken, Die Neutralität, 30. Stück im H H IV (S. 603 ff.).

Geßner, Ludwig, „Blockaden“ in Holtzend., Encycl. d. Rechtsw. II. (alphabetischer) Teil, 3. Aufl. III. Bd., 1. Hälfte 1881 (S. 440 ff.).

Geßner, Das Recht des neutralen Seehandels 1855.

Geßner, Le droit des neutres sur mer, 2e éd. 1876.

Glass, Henry, Marine International Law, Proceedings of the United States Naval Institute vol. IX, 1885.

Hautefeuille, L.-B., Des droits et des devoirs des nations neutres en temps de guerre maritime, 2e éd., t. II 1858.

Heilborn, Das System des Völkerrechts 1896.
Imbart-Latour, Joseph, La mer territoriale au point de vue théorique et pratique 1889.
Jellinek, Gg., System der subjektiven öffentlichen Rechte, 2. Aufl. 1905.
Kleen, Rich., Lois et usages de la neutralité, t. I 1898.
Kohler, Josef, Besprechung von Söderquist, Le blocus maritime, Kohlers Zeitschrift III (1908/09) S. 379 ff.
Lentner, Ferd., Das Recht im Kriege 1880.
Mas Latrie, René de, Du droit de marque ou droit de représailles au moyen âge 1866.
Maurice, J. F., Hostilities without declaration of war (from 1700 to 1870) 1883.
Nordon, Charles L., Blockade and Contraband: Law and Practices of Nations in Recent Times, in The Law Magazine and Review, Fifth Series, vol. XXIX (1903—1904) S. 179 ff.
Nys, La guerre maritime 1881.
Perels, F., Das internationale öffentliche Seerecht der Gegenwart, 2. Aufl. 1903.
Pistoye (A. de) et Duverdy (Ch.), Traité des prises maritimes, t. I 1859.
Söderquist, Nils, Le blocus maritime (Thèse d'Upsal) 1908.
Strisower, Leo, Handbuch des Völkerrechts von Holtzendorf II bis IV, in Grünhut, Zeitschrift für das Recht der Gegenwart, Bd. XVII (1890), S. 716 ff.
Testa, Carlos, Le droit public international maritime, Trad. du portugais par Ad. Boutiron 1886.
Wagner, Peter, Zur Lehre von den Streiterledigungsmitteln des Völkerrechts 1900.

C. Monographieen über die Friedensblockade.

Verhandlungen des Völkerrechtsinstituts auf den Sitzungen im Haag 1875 und zu Heidelberg 1887, nämlich:
Session de La Haye, in der Rev. d. dr. int. VII (1875) S. 273 ff.
Travaux préliminaires à la session de La Haye, daselbst S. 329 ff.
Sitzung zu Heidelberg: Sixième commission d'études. — Droit de blocus en temps de paix, Annuaire de l'Institut de droit international, IX. année (1887/88) S. 275 ff. [Ann. IX, 275 ff.]
Daraus im einzelnen:
Extrait de la circulaire du bureau du mois de mai 1887: Ann. IX, 275 ff.; Rev. d. dr. int. XIX (1887) S. 124 f.
Perels, Rapport, Ann. IX, 276 ff.; Rev. d. dr. int. XIX (1887) S. 245 ff.; Journal XIV (1887) S. 721 ff.
Geffken, Contre-rapport, Ann. IX, 288 ff.; Rev. d. dr. int. XIX (1887) S. 377 ff.; Journal XV (1888) S. 585 ff.

Extrait du procès-verbal de la séance plénière tenue par l'Institut, à Heidelberg, le 7 septembre 1887 (matin), sous la présidence de M. de Bulmerincq, Ann. IX, 295 ff.

Déclaration votée par l'Institut concernant le blocus en dehors de l'état de guerre, Ann. IX, 300 f.; Rev. d. dr. int. XIX (1887) S. 360 f. Journal XV (1888) S. 592.

Barclay, Thomas, Les blocus pacifiques, Rev. d. dr. int. XXIX (1897) S. 474 ff.

Barès, Charles, Le blocus pacifique (Thèse) 1898.

Baty, M. Th., Les blocus pacifiques, Rev. d. dr. int. XXX (1898) S. 606 ff.

Bulmerincq, Le blocus pacifique et ses effets sur la propriété privée (Trad. et notes de M. Beauchet), Journal XI (1884) S. 569 ff.

Ducrocq, Louis, Représailles en temps de paix. — Blocus pacifique suivi d'une étude sur les affaires de Chine 1900—1901 (Thèse) 1901.

Falcke, Die Hauptperiode der sogenannten Friedensblockaden (1827 bis 1850) 1891. [Falcke.]

Falcke, Die Friedensblockade, Niemeyers Zeitschrift XIX (1909) 63 ff. [Falcke, Zeitschr.]

Hogan, Albert E., Pacific Blockade 1908.

Holland, Thomas Erskine, Pacific blockade, Studies in International Law (1898) S. 130 ff.

Lafargue, Paul, Les représailles en temps de paix (Thèse) 1898.

Rontiris, Antoine A., De l'évolution de l'idée de blocus pacifique, Journal XXVI (1899) S. 225 ff.

Westlake, Pacific Blockade, The Law Quarterly Review, vol. XXV Nr. 97 (January, 1909) S. 13 ff.

D. Zur Blockadegeschichte im besonderen.

a) Periodische Erscheinungen.

Archives diplomatiques 1861 t. I, II; 1862 t. III.

Staatsarchiv, Das, begr. v. Aegidi und Klauhold, hrsg. v. Gust. Roloff Bd. 66 (1902); 68 (1904).

Weißbuch, vorgelegt dem Deutschen Reichstage, 4. Teil 1889.

Annuaire des Deux Mondes. — Histoire générale des divers États, t. X (1861), XII (1862/1863). — [Ann. d. D. M.]

Chronik (Niederlande) in Kohlers Zeitschrift III (1908/09) S. 107 f. u. 420.

Chronique des faits internationaux, Rev. gén. II (1895) S. 118 ff. u. 221 ff.; III (1896) S. 46 ff.; X (1903) S. 307 ff.

Current Notes on International Law, The Law Magazine and Review, Fifth Series, vol. XXVIII (1902/1903) S. 207 f., 340 ff., 471 f.; XXIX (1903/1904) S. 210 ff., 336 f.

Faits et informations, Journal XV (1888) S. 884.

Schultheß, H., Europäischer Geschichtskalender, Jhrg. IV (1863), XXIII (1882), XXIV (1883), XXV (1884).

Schultheß, Europäischer Geschichtskalender. Neue Folge, hrsg. v. Ernst Delbrück, Jhrg. I (1885), IX (1893).

Wippermann, Karl, Deutscher Geschichtskalender 1893, Bd. I und II.

b) Einzelabhandlungen.

Basdevant, Jules, L'action coërcitive anglo-germano-italienne contre le Vénézuela (1902—1903), Rev. gén. XI (1904) S. 362 ff.

Geffken, La France en Chine et le droit international, Rev. d. dr. int. XVII (1885) S. 145 ff.

Geffken, Völkerrechtliche Fragen in dem französisch-chinesischen Streite, Arch. f. öffentl. Recht I (1886) S. 146 ff.

Mallarmé, André, L'arbitrage vénézuélien, Rev. gén. XIII (1906) S. 423 ff.

Mérignhac, A., L'incident franco-siamois de 1893 et la question de l'état-tampon ou zone neutre, Revue du droit public et de la science politique en France et à l'étranger, Tome I (1894) S. 197 ff. [Mérignhac.]

Paisant, Marcel, Les relations de la France avec le Siam et le différend franco-siamois de 1893, Rev. gén. I (1894) S. 234 ff.

Rolin-Jaequemyns, M. G., Chronique du droit international (1885 bis 1886), Rev. d. dr. int. XVIII (1886) S. 591 ff.

Rolin-Jaequemyns, L'année 1888 au point de vue de la paix et du droit international, Rev. d. dr. int. XXI (1889) S. 167, insbes. S. 199 ff.

Rougier, Antoine, Les récentes guerres civiles de la Colombie et du Vénézuela, Rev. gén. XI (1904) S. 225 ff.

Rougier, Une nouvelle théorie sur l'effectivité du blocus maritime, Rev. gén. X (1903) S. 603 ff.

„Siam" in The Encyclopaedia Britannica, 9th/10th vol. XXI 1886; XXXII 1902:
 Coutts Trotter, History (XXI, 854 f.);
 Coutts Trotter, Boundaries (XXI, 850);
 Campbell, History (XXXII, 612).

Streit, Georg, La question Crétoise au point de vue du droit international, Rev. gén. IV (1897) S. 61 ff., 446 ff.; VII (1900) S. 5 ff., 301 ff.

E. Gelegentlich angezogene Literatur.

Bornhak, Conrad, Einseitige Abhängigkeitsverhältnisse unter den modernen Staaten 1896.

Chronik (Zweite Haager Friedenskonferenz) in Kohlers Zeitschrift II (1907/08) S. 189 f. und 595 f.

Darby, W. Evans, International tribunals, 3d ed. 1900.

Despagnet, Essai sur les protectorats 1896.

Dokumente der Londoner Seekriegsrechts-Konferenz, Niemeyers Zeitschrift XIX (1909) S. 323 ff.

Féraud-Girard, De la neutralité dans les guerres entre états, les guerres civiles et les différends entre état protecteur et état protégé, Rev. gén. II (1895) S. 291 ff.

Fried, Alfred H., Die zweite Haager Konferenz 1907.

Fried, Handbuch der Friedensbewegung 1905. [Fried.]

Hammann, Wolfg., Der Streit um das Seebeuterecht 1907.

Huber, Max, Die Fortbildung des Völkerrechts auf dem Gebiete des Prozeß- und Landkriegsrechts durch die II. internationale Friedenskonferenz im Haag 1907, Jahrbuch des öffentlichen Rechts der Gegenwart (hrsg. v. Jellinek, Laband, Piloty) II (1908) S. 470 ff.

Jellinek, Gg., Die Lehre von den Staatenverbindungen 1882.

Kohler, Josef, Die zweite Haager Konferenz (Rechtsquellen) in Kohlers Zeitschrift II (1907/08) S. 474 ff.

„Kriegsrecht" in Jul. Weiske, Rechtslexikon für Juristen aller teutschen Staaten, VI. Bd. 1845 (S. 217 ff.).

Lentner, Ferd., Der schwarze Kodex (Code noir) 1891.

Lueder, C., Krieg und Kriegsrecht im Allgemeinen, 27. Stück in H H IV (S. 169 ff.).

Mérignhac, A., La conférence internationale de la paix 1900.

Meurer, Christian, Die Haager Friedenskonferenz, I. Bd.: Das Friedensrecht der Haager Konferenz 1905.

Nippold, Otfried, Die Fortbildung des Verfahrens in völkerrechtlichen Streitigkeiten 1907.

Rettich, Heinr., Zur Theorie und Geschichte des Rechts zum Kriege 1888.

Inhaltsübersicht.

Seite

Vorwort VII

Literaturverzeichnis IX

Erster Abschnitt. Allgemeine Grundlegung 1

§ 1. Das Problem der Friedensblockade 1

§ 2. Der Begriff der Friedensblockade 2

§ 3. Systematik der Friedensblockade 9

§ 4. Die literarische Behandlung des Problems 18

Zweiter Abschnitt. Geschichte der Friedensblockade . . . 23

Erstes Kapitel. Die Anfänge 23

§ 5. Die rechtshistorischen Grundlagen 23

§ 6. Die ersten Anwendungsfälle 31

Zweites Kapitel. Die Hauptperiode 38

§ 7. Charakteristik der Hauptperiode 38

§ 8. Die englische Praxis 41

§ 9. Die französische Praxis 54

§ 10. Die englisch-französische Praxis 67

§ 11. Die Pseudofriedensblockade von Gaëta 74

Drittes Kapitel. Die kritische Periode 77

§ 12. Charakteristik der kritischen Periode 77

§ 13. Die Kollektivmaßregeln der neueren Levantepolitik 85

§ 14. Die Blockaden der französischen Kolonialpolitik . 92

§ 15. Die Blockade von Venezuela 102

§ 16. Rückblick 109

Dritter Abschnitt. Theorie der Friedensblockade 115

Erstes Kapitel. Entwicklungsgang der Theorie . 115

§ 17. Phaseologie der theoretischen Anschauungen . . . 115

§ 18. Theoretiker des kriegerischen Zwanges 118

§ 19. Theoretiker des Neutralitätsprinzips 125

§ 20. Theoretiker der tatsächlichen Übung 129

§ 21. Theoretiker der künstlichen Limitation 137

Zweites Kapitel. Die Rechtfertigung der Friedensblockade 144

§ 22. Gang der Untersuchung 144

§ 23. Die Tatsache der Friedensblockade 145

§ 24. Das Rechtsprinzip der Friedensblockade 151

§ 25. Der Kulturwert der Friedensblockade 161

Erster Abschnitt.

Allgemeine Grundlegung.

§ 1.

Das Problem der Friedensblockade.

„Friedensblockade“, — das ist ein merkwürdiges Wort.

Ein Wort, das für den Unkundigen den Stempel des Friedens an der Stirne trägt, dem Wissenden aber Hader und Ungemach kündet. Denn wer das Buch der Geschichte aufmerksam durchblättert, der findet, daß die Sprache der Politik, da sie sich dies Wort gebar, nicht Freundschaft und Versöhnung, sondern Gewalt und Übermacht redete. Die Friedensblockade — dem Buchstaben nach nur eine friedliche Absperrung von Häfen und Küsten — ist in die Wirklichkeit getreten als ein Mittel, durch das die Staaten einander ihren oft selbstsüchtigen, oft ungerechten Willen aufzwangen oder aufzuzwingen suchten, ein Mittel vornehmlich in der Hand des Starken gegenüber dem Schwächeren. Und nur zu häufig hat bei der Anwendung dieses Mittels der eherne Mund der Geschütze mitgesprochen; Festnahme und Tötung von Menschen, Beschlagnahme und Versenkurg von Kriegs- und Handelsschiffen, blutige Angriffe und Gefechte waren häufige Begleiterscheinungen.

Zu all dem will es wenig glücklich stimmen, wenn die Diplomatie gleichwohl in solchen Fällen den Gedanken eines offenen Staatenzwistes, eines Krieges, weit von sich gewiesen, wenn man demgemäß derartige Maßregeln als „Blockaden des Friedens“ bezeichnet hat. Und fast gewinnt es den Anschein, als ob hier das Wort des „Friedens“ zur hohlen Phrase geworden sei, als ob die „friedliche Blockade“ in Wahrheit nur eine wesensgleiche Spielart des alten Kampfmittels der kriegerischen Blockade darstelle.

Aber nicht etwa die schillernde Sprache der Diplomatie hat sich des eigenartigen Ausdrucks der „Friedensblockade“ bedient, sondern die herbe Diktion der Wissenschaft. Wie die Politik hat auch die juristische Theorie den Antagonismus, der in der Verbindung des Kampfmittels der Blockade mit der Idee des Friedens gegeben ist, in den Kreis ihrer Betrachtungen gezogen. Sie hat den Begriff der friedlichen Blockade zur Erörterung gebracht und, wo nicht angenommen, doch rechtlicher Konstruktion zu unterstellen versucht.

Damit erhebt sich die Frage zum Rechtsproblem. Den Inhalt des Problems bildet jener Antagonismus, seine Lösung den Gegenstand des vorliegenden Versuchs.

Doch sind zunächst noch die begrifflichen und systematischen Grundlinien des umstrittenen Gegenstandes etwas schärfer auszuziehen.

§ 2.

Der Begriff der Friedensblockade.

Unter „Friedensblockade“ (blocus pacifique, pacific blockade, blocco pacifico) ist, entsprechend dem Wortsinn, zu verstehen eine Blockade, die im Zustand des Friedens geübt wird und insofern im Gegensatz steht zu der in Kriegszeiten geübten kriegerischen Blockade. Diese letztere — als die ältere und ursprünglich allein vorhandene Vorstellung zumeist mit dem Ausdruck „Blockade“ schlechthin bezeichnet — ist schon in früher Zeit als ein wirksames Mittel der Seekriegsführung erkannt und zur Anwendung gebracht worden, daher auch ihre Übung zu eingehender rechtlicher Normierung, ihr

Begriff zur Konsolidation gelangt ist. Solcher Festigung ermangelt noch die jüngere Vorstellung der Friedensblockade; ihre rechtliche Zulässigkeit ist bestritten, die Regeln für ihre praktische Anwendung unbestimmt, ihr Begriff schwankend. Und da nun die Friedensblockade ihrem historischen Werdegang nach nichts anderes ist, als eine Übertragung der kriegerischen Blockade in den Zustand des Friedens, erscheint es folgerichtig und zweckmäßig, die jüngere Vorstellung aus der älteren abzuleiten, für die Entwickelung des Begriffes der Friedensblockade zum Ausgangspunkt zu nehmen den Begriff der kriegerischen Blockade.

I. Die kriegerische Blockade[1].

1. Die Blockade als kriegerische Maßregel besteht in der Absperrung des Verkehrs für einen bestimmten Teil der feindlichen Küste durch Aufstellung von Seestreitkräften[2].

Ein begriffliches Merkmal der Blockade ist in erster Reihe zu finden in ihrer maritimen Natur. Zwar reden ältere und vereinzelt auch neuere Autoren von Landblockade[3] und verstehen darunter entweder die militä-

[1] Auf die kriegerische Blockade soll hier nicht erschöpfend, sondern nur insoweit eingegangen werden, als zur Grundlage für die spätere Erörterung der Friedensblockade notwendig erscheint. Von entscheidender Bedeutung für das Recht der Kriegsblockade wurden die Beschlüsse der Londoner Seekriegsrechtskonferenz vom 26. Februar 1909; vgl. Dokumente der Konferenz in Niemeyers Zeitschrift XIX, 323 ff. (Déclaration relative au droit de la guerre maritime S. 342 ff., deutsche Übersetzung S. 328 ff.). Auf die wichtigsten einschlägigen Bestimmungen dieser Londoner Deklaration wird im folgenden hingewiesen.

[2] Diese Definition dürfte sich mit den sonst üblichen längeren Begriffsbestimmungen inhaltlich decken. Vgl. Fauchille S. 1: „Le blocus est une mesure de guerre qui consiste à cerner un port ou une portion de côte, au moyen de forces navales permanentes, de façon à empêcher toute communication, et principalement tout commerce avec le dehors par la voie de la mer.“ Geffken, Neutralität 738: „Blockade ist die dauernde Einschließung eines Hafens, einer Strommündung oder einer Küstenstrecke des Feindes durch Kriegsschiffe, um dieselben von allem Verkehr nach außen abzuschneiden, indem das einschließende Geschwader die Ein- und Ausfahrt jedes Schiffes verhindert.“

[3] Auf die Vorstellung einer Landblockade (blocus continental, bl. terrestre, bl. de terre) deutet auch hin die bei den Romanen übliche Bezeichnung „See“-Blockade (blocus maritime, blocco marittimo).

rische Einschließung eines Platzes ohne direkten Angriff, also die Zernierung, oder aber eine Grenzsperre[1]. In beiden Fällen ist die Bezeichnung nicht angebracht. Denn wenn auch das Wort „Blockade" ursprünglich (etymologisch) dem Landkriegswesen entnommen ist, so hat sich doch der Rechtsbegriff der Blockade als ein spezifisch dem Seekriegswesen angehöriger ausgebildet, und alle die Gründe, die eine Scheidung des Seekriegsrechtes vom Kriegsrecht schlechthin verlangen, verbieten die Übertragung des seerechtlichen Begriffes der Blockade auf den Landkrieg[2]).

Als Mittel der Kriegführung ist die Blockade gerichtet gegen einen feindlichen Küstenstrich, sei es nun gegen wirkliches Feindesland oder nur vom Feind okkupiertes Gebiet[3]. Sie wird angeordnet durch die Regierung des blockadeübenden Staates, aber auch durch die lokale Militärgewalt, sofern diese von ihrer Regierung dazu autorisiert ist[4]. — Ihrem militärischen Zweck nach ist die Blockade eine kommerzielle Verkehrssperre[5]. Demnach bildet die rein taktische Einschließung feindlicher Streitkräfte noch keine Blockade, so wenig als etwa eine sanitätspolizeiliche Absperrung.

2. Zu einem rechtlich relevanten Tatbestand mit bestimmten Rechtsfolgen wird aber die Blockade erst durch die Erfüllung der formalrechtlichen Erfordernisse der Effektivität und Notorietät.

a) Das Erfordernis der Effektivität wird erfüllt

---

[1] Vgl. z. B. Schmalz 249; Art. „Kriegsrecht" in Weiskes Rechtslexikon VI, 234; Kleen § 125 (I, 555 ff.).

[2] Auch Kleen I, 556/557 kommt nach prinzipieller Anerkennung der Möglichkeit einer Landblockade in etwas unklarer Weise zu dem Schluß, daß gleichwohl die maritime Blockade einer schärferen Regelung und besonderer Behandlung bedürfe.

[3] Fauchille 162 ff.; Geffken a. a. O. § 165, Ziff. 4 (S. 751 ff.); Kleen § 127 (I, 559 ff.). Vgl. Art. 1 der Londoner Deklaration.

[4] Fauchille 68 ff.; Kleen § 126 (I, 557 ff.); Lond. Dekl., Art. 9.

[5] Fauchille 14 ff.; Geffken a. a. O. 761.

durch die Aufstellung von Seestreitkräften genügender Stärke, um den Zugang zu der gesperrten Küste tatsächlich zu verwehren. Dieser in der Pariser Seerechtsdeklaration ausgesprochene Grundsatz [1] versagt sowohl der nur auf einfacher Dekretierung beruhenden sogenannten Papier- oder Scheinblockade (blocus sur papier, bl. fictif), als auch der nur durch vereinzelt kreuzende Schiffe aufrecht erhaltenen Kreuzerblockade (blocus par croisière) die rechtliche Anerkennung.

b) Dem Erfordernis der Notorietät wird genügt durch die offizielle Anzeige der erfolgten Sperrung einer bestimmten Küstenstrecke. Diese Anzeige, die Notifikation, kann in dreifacher Weise erfolgen: einmal als Lokalnotifikation (notification sur les lieux) des militärischen Befehlshabers der Blockade an die Behörden und Konsuln der blockierten Plätze, sodann als Generalnotifikation (n. générale, diplomatique) der blockierenden Macht an die bei ihr beglaubigten Vertreter der übrigen Mächte, endlich als Spezialnotifikation (n. spéciale) der Kommandanten der blockierenden Kriegsschiffe an die Führer der einzelnen Handelsschiffe, die sich der Blockadekette nähern. Allen drei Arten der Notifikation kommt grundsätzlich dieselbe Rechtskraft zu [2]; ob und unter welchen Umständen nur die eine oder andere oder alle drei erforderlich sind, darüber bestehen große Meinungsverschiedenheiten [3]. Festzuhalten ist jedenfalls an dem Grundsatz, daß ein Schiff dann allein wegen Verletzung der Blockade zur Rechenschaft gezogen werden kaun, wenn es in der einen oder andern Form von dem Bestehen einer effektiven Blockade Kenntnis erhalten

[1] Satz 4: „Les blocus pour être obligatoires, doivent être effectifs, c'est à dire maintenus par une force suffisante pour interdire réellement l'accès du littoral de l'ennemi.“ Der Satz ist in der Lond. Dekl. Art. 2 ausdrücklich aufrecht erhalten worden.

[2] Kleen § 131 (I, 588 ff.).

[3] Vgl. Fauchille 194 ff.; Geffken a. a. O. § 165, Ziff. 5 (755 ff.); Bonfils-Grah Nr. 1648—1653 (815 ff.). Die Lond. Dekl. sieht in ihren Art. 11 und 16 alle drei Arten der Notifikation vor.

hat[1]. — Durch Notifikation ist Anfang und Ende der Blockade anzuzeigen; die gute Übung setzt auch eine Frist an, innerhalb deren unbeteiligte Schiffe unbehelligt die blockierten Häfen verlassen können.

3. Die rechtliche Folge der ordnungsgemäß effektuierten und notifizierten Blockade ist die Verpflichtung der Handelsschiffe aller Nationen, die verhängte Sperre zu respektieren. Dieser Verpflichtung entspricht auf Seiten der blockierenden Macht die Berechtigung, jedes Schiff, das die Sperrkette zu überschreiten versucht, wegzunehmen und vor ihre nationalen Prisengerichte zu stellen. Die Befugnis zur Aburteilung der Blockadebrecher entspringt aber nicht etwa einem eigentlichen subjektiven Strafrecht des blockierenden Staates; ein solches kann gegenüber den Untertanen der am Kriege nicht beteiligten, also der neutralen Mächte, nach der Struktur des heutigen Völkerrechts nicht anerkannt werden. Der Wegnahme neutraler Schiffe durch Kriegführende kommt vielmehr nur die Bedeutung einer völkerrechtlichen Repression gegen einen tatsächlichen ordnungswidrigen Zustand zu; der Kriegführende hat daher einzig die Befugnis, die augenblickliche Gefahr des Bruches seiner ordnungsmäßig verhängten Blockade durch Beschlagnahme des Blockadebrechers zu beseitigen, nicht aber die Befugnis, die bloße Absicht des Blockadebruches oder einen früher begangenen, nicht mehr gegenwärtigen Blockadebruch an neutralen Schiffen zu ahnden[2].

Die sogenannte Strafe des Blockadebruchs besteht in

[1] Ebenso Geffken a. a. O. 760; damit ist die in der englischen Theorie beliebte Unterscheidung zwischen der notifizierten und der nur tatsächlichen (de facto-)Blockade abgelehnt; über „de facto"- und „de jure"-Blockade vgl. Dupuis Nr. 180—184 (209 ff.). Nach der Lond. Dekl. Art. 14, 15 besteht für die Kenntnis der Blockade eine Vermutung bei jenen Schiffen, die nach erfolgter Generalnotifikation erst einen neutralen Hafen verlassen haben.

[2] So die herrschende Lehre im Gegensatz zu der englisch-amerikanischen Auffassung, vgl. Ullmann § 182, V (S. 494); ebenso Lond. Dekl. Art. 19, 20.

der Konfiskation des schuldigen Schiffes. Mit dem Schiffe verfiel nach älterer Theorie und Praxis regelmäßig auch die Ladung; die neuere Theorie neigt mehr und mehr dazu, die Ladung nur dann verfallen zu lassen, wenn ihren Eigentümer eine Mitschuld an dem Blockadebruch trifft[1].

II. Die friedliche Blockade.

Für die im 19. Jahrhundert hervorgetretenen Versuche, die Blockade als nichtkriegerische Maßregel anzuwenden, hat Hautefeuille in seinem zuerst 1848—1849 erschienenen Werke „Über die Rechte und Pflichten der Neutralen in Zeiten des Seekriegs" den Ausdruck „blocus pacifique" geprägt[2]. Unter der Kapitelüberschrift „Du prétendu blocus pacifique" führt er aus, daß es ihm unerläßlich erscheine, „d'examiner avec quelques détails une question importante, et déjà signalée deux fois, soulevée par un système nouveau et que, faute d'avoir une dénomination applicable, j'ai appelé blocus pacifique"[3]. Diese Bezeichnung der nichtkriegerischen Sperre als einer „friedlichen Blockade" oder „Friedensblockade" ist in der Literatur keineswegs unangefochten geblieben[4] und mehrfach durch andere Ausdrücke ersetzt worden[5]; sie ist gleichwohl als die herrschende in die internationale Rechtssprache übergegangen.

---

[1] Über die mannigfachen Wandlungen in Theorie und Praxis vgl. Fauchille 364 ff.; Kleen § 139 (I, 640 ff.); Bonfils-Grah Nr. 1671/1672 (824 ff.). Nach der Lond. Dekl. Art. 21 trifft den Befrachter die Beweislast dafür, daß er zur Zeit der Verladung der Ware die Absicht des Blockadebruchs weder kannte noch kennen mußte.

[2] Die gleichlautende Angabe bei Barclay 477 und Ducrocq 61, der Ausdruck sei von Hautef. „en 1860 ou vers cette époque" aufgebracht worden, dürfte auf Versehen beruhen; siehe folgende Note 3.

[3] Hautefeuille, 2. Aufl. 1858, II, 272. Wie Westlake Pac. Bl. 19 Note 1 richtig anführt, zitiert Holland 131 hierzu die 1. Aufl. des Hautefeuilleschen Werkes; demnach findet sich bereits dort III, 176 die Geburtsstätte des Ausdrucks „Friedensblockade".

[4] Vgl. Basdevant 425; Ducrocq 62; Falcke 1 Note 1 (Zeitschrift 67 ebenda); Neumann 96; Pradier-Fodéré V, 742; Testa 132; abfällig auch Cauchy II, 426; Söderquist 132.

[5] Blocus en temps de paix (Ann. IX, 275 ff.); bl. en dehors de la guerre (Rolin-Jaequemyns im Institut, Ann. IX, 297); bl. pendant la paix (Ducrocq 60 u. 62; Pradier-Fodéré V, 742); bl. commercial

1. Der Begriff der Friedensblockade ruht auf denselben Grundlagen wie derjenige der Kriegsblockade; wie letztere ist auch die Friedensblockade eine Maßregel ausschließlich seerechtlicher Natur. Die hin und wieder unter den Friedensblockaden aufgeführten Beispiele von nichtkriegerischen Landsperren sind daher für die folgende Betrachtung von vornherein auszuscheiden. Dies gilt insbesondere von der Grenzsperre, die Frankreich im Jahre 1836 als „blocus hermétique" gegen die Schweiz verhängte [1]. Ihre seerechtliche Natur aber macht die Friedensblockade selbstverständlich nicht unabhängig von einem bestehenden Landkrieg; eine während eines solchen verhängte Sperre ist eine Kriegsblockade auch dann, wenn sie die einzige maritime Maßregel in diesem Kampfe bleibt [2].

Wesentlich ist der Friedensblockade ferner die Zweckbestimmung einer Verkehrssperre; von keiner entscheidenden Bedeutung ist dabei, ob die Verkehrsunterbrechung eine allgemeine ist oder sich auf bestimmte Handelsartikel oder auf die Schiffe einer bestimmten Nationalität beschränkt.

2. In gleicher Weise wie für die Kriegsblockade müssen auch für die Friedensblockade die formalrechtlichen Erfordernisse der Effektivität und Notorietät aufgestellt werden.

(Ducrocq 60; Fiore II, 604 ff. u. III, 477; Pradier-Fodéré a. a. O.); bl. comminatoire (zuletzt Nys, Droit int. III[1], 91); diplomatische Blockade (Protest der Hansestädte vom Jahre 1838 bei Geffken, Heffter-Geffken 243, Note 5 u. Völkerrechtl. Fragen 154); politische Blockade (R. v. Labrès bei Perels, Seerecht 351); bl. pur (Söderquist 139); bl. simple (Cauchy II, 428; Ducrocq 60; Hautefeuille II, 287; Pistoye et Duverdy I, 390; Pradier-Fodéré a. a. O.); Verkehrssperre (Bluntschli 284).

[1] Als Friedensblockade aufgeführt bei Bluntschli 285, Fiore II, 604 u. Despagnet 532, obwohl der letztere bei Besprechung der Kriegsblockade (S. 632) die entschieden auf die maritime Natur der Maßregel abhebende Definition von Fauchille (siehe oben S. 3 Note 2) merkwürdigerweise vorbehaltlos annimmt. Nach Holland 130 Note 3, hat Frankreich zweimal, in den Jahren 1831 und 1852, die Schweiz mit einer hermetischen Blockade bedroht.

[2] Die entgegengesetzte Behauptung wurde 1869 im amerikanischen Senat aufgestellt; vgl. Fauchille 46.

3. Die Rechtswirkung der ordnungsgemäß verhängten Friedensblockade ist gleichfalls die Befugnis der kriegführenden Macht, den tatsächlichen und gegenwärtigen Blockadebruch an dem schuldigen Schiffe zu ahnden. Ob aber diese Ahndung — die auch hier nicht einem eigentlichen Strafrecht, sondern völkerrechtlicher Repressionsbefugnis entspringt — bei der Friedensblockade die Konfiskation der weggenommenen Schiffe einschließen kann oder aber auf bloße Detention und Sequestration sich beschränken muß, ist eine später zu erörternde Streitfrage.

§ 3.

Systematik der Friedensblockade.

Die Friedensblockade in den angedeuteten Begriffsumrissen ist nun nicht lediglich ein Gebilde ideeller juristischer Konstruktion, sondern eine Schöpfung der realen Staatenpraxis des 19. Jahrhunderts. Mag daher ihre Existenzberechtigung anerkannt oder bestritten werden, ihre Existenz ist nicht zu leugnen, und keine ausführlichere systematische Darstellung des Völkerrechts, keine monographische Bearbeitung einschlägiger Materien kann umhin, sich in dem einen oder andern Sinne mit ihr auseinander zu setzen [1].

Damit erhebt sich die Frage, an welcher Stelle des völkerrechtlichen Systemes die Friedensblockade zum Zweck ihrer Erörterung einzugliedern ist.

Folgerichtig werden die Prinzipien solcher Eingliederung entnommen aus den entscheidenden Merkmalen des Begriffs. Die Friedensblockade als völkerrechtlich relevante Betätigung des Staates kennzeichnet sich nun begrifflich

---

[1] Eine auffallende Ausnahme macht Phillimore, der in seinem vierbändigen Handbuch (Commentaries upon International Law, 3rd ed., 1879 ff.) nicht einmal des Namens der Friedensblockade Erwähnung tut. Weniger auffallend ist der gleiche Mangel bei den älteren und weniger umfangreichen Werken der Amerikaner Dudley-Field (2. Ausgabe 1876) und Halleck (1861).

durch ein doppeltes. Zum ersten ist sie ihrer äußeren Form nach eine Art physischer Zwangsübung unter Staaten und tritt damit aus dem Rahmen des normalen, freundschaftlichen Staatenverkehres heraus. Zum andern ist sie aber ihrem inneren Wesen nach eine mit der Fortdauer friedlicher Beziehungen verträgliche, also nichtkriegerische Maßregel. Sonach reiht sie sich ein unter jene Arten völkerrechtlicher Betätigung, die sich formell von den Arten des friedlichen, materiell von den Arten kriegerischen Handelns unterscheiden, und deren Erörterung nach herkömmlicher Systematik zwischen das Friedensrecht und das Kriegsrecht eingeschaltet wird. Und zwar wird diese Gruppe von Betätigungsarten, in der neben der Friedensblockade regelmäßig die Begriffe der Retorsion und Repressalien, des Embargo und der Intervention zu erscheinen pflegen, vornehmlich unter drei Rubriken zusammengefaßt, nämlich als Mittel der gewaltsamen, aber nichtkriegerischen Streiterledigung, als Rechtsmittel des Völkerrechts und als Mittel der nichtkriegerischen Selbsthilfe.

Doch mit der Verweisung der Friedensblockade in diese Gruppe ist zunächst wenig gewonnen, da die vorhandene Literatur sowohl hinsichtlich der inneren Gliederung der in Rede stehenden Materie, als auch hinsichtlich ihres äußeren Bestandes große Schwankungen zeigt[1]. Es erscheint daher geboten, zuvörderst die Grundsätze, welche hier für die Zusammenfassung und den Aufbau des umliegenden Gebietes maßgebend gewesen sind, kurz zu skizzieren[2] und dann erst den Versuch einer systematischen Eingliederung der Friedensblockade zu unternehmen.

I. Die in Rede stehenden Formen völkerrechtlicher Betätigung werden im Folgenden unter Ablehnung der

---

[1] Vgl. namentlich Wagner, Zur Lehre usw. passim.

[2] Auf eine allseitige Rechtfertigung und Begründung der hierbei vertretenen Anschauungen muß aus Rücksichten des Raumes verzichtet werden.

Rubriken der „Streiterledigungsmittel" und der „Rechtsmittel" als Mittel der Selbsthilfe bezeichnet werden.

1. Von den genannten Rubriken ist die älteste und meistgebrauchte diejenige, welche von dem Streit der Völker und seiner Erledigung spricht. Sie faßt den Völkerstreit als den Ausnahmezustand der internationalen Beziehungen auf und bringt daher sein Entstehen und seine Beseitigung als Wiederherstellung des Normalzustandes in systematische Verbindung. Ob dann für die weitere Gliederung der Materie zum Ausgangspunkt genommen wird die Ursache des Ausnahmezustandes, der „Streit", oder die Formen seiner Beseitigung, die „Arten" oder „Mittel der Streiterledigung", macht wenig Unterschied[1]; es ergibt sich jeweils eine Scheidung von drei Gebieten. Es stehen sich gegenüber das Gebiet der gütlichen Streiterledigung, das Gebiet der gewaltsamen, aber nichtkriegerischen Streiterledigung und das Gebiet der kriegerischen Streiterledigung.

Logisch ist diese Rubrizierungsweise durchaus gerechtfertigt. Der Einwand, daß die einzelnen Betätigungsformen dieses Gebietes einen Streit nicht zur notwendigen Voraussetzung hätten[2], wird hinfällig bei richtiger Auffassung des Streitbegriffes; unter einem völkerrechtlichen „Streit" ist nichts anderes zu verstehen als eine Verschiebung der normalen Rechts- und Interessenverhältnisse, er setzt ebensowenig wie der „Rechtsstreit" des Prozeßrechts eine Meinungsverschiedenheit oder gar eine bewußte Verletzung voraus. Gleicherweise unstichhaltig ist der Einwand, die genannten Formen seien keine Mittel der Erledigung von Streitigkeiten, da sie in vielen konkreten Fällen zu einer Schlichtung des vorliegenden Streites nicht führten, mitunter sogar dieses Ziel überhaupt nicht verfolgten[3];

---

[1] Zusammenstellung der einzelnen Systematisierungsformen bei Wagner 7 ff.

[2] Wagner 60, 85, 92; Strisower, Kritik 745 ff.

[3] Wagner 61, 92.

dem ist entgegenzuhalten, daß diese Formen als Regel eben doch die Auseinandersetzung über einen bestehenden Streit in dem bezeichneten Sinne darstellen und füglich auch die Erledigung des Streites im Auge haben, daß jene Fälle, wo die Erledigung des Streites nicht beabsichtigt ist, als seltene Ausnahmen das Wesen der Sache nicht berühren.

Zuzugeben ist aber soviel, daß die Kategorie der „Streiterledigungsmittel", wenn auch an sich gerechtfertigt, nicht sehr zweckmäßig ist, insofern sie völlig heterogene Formen, wie Unterhandlungen und Krieg, zu gemeinsamer Erörterung zusammenzieht. Das Vorgehen jener Autoren, welche die ganze Kategorie als systematisch ungeeignet verwerfen[1], ist daher im Ergebnis durchaus zu billigen.

2. Großen Anklang hat einige Zeit hindurch der Gedanke gefunden, die „Mittel der Streiterledigung" als internationale Rechtsmittel, als Formen eines Völkerprozeßes zu betrachten[2]. In der Tat hat diese Auffassung auf den ersten Blick etwas ungemein Bestechendes. Aber mit der Überlegung, daß nach der Struktur des Völkerrechts die sogenannten Streiterledigungsmittel vielfach zur Verfechtung nicht von Rechten, sondern von bloßen Interessen dienen müssen, ergibt sich die Erkenntnis, daß den in Rede stehenden Formen das wichtigste Merkmal eines Prozesses, eines „Rechtsganges" fehlt: der auf Verfolgung, Feststellung oder Durchführung eines Rechtsanspruches gerichtete Zweck. Die Idee eines Völkerprozesses in diesem Sinne und mit ihr die Rubrik der internationalen Rechtsmittel wird daher von der neueren Theorie auch so einmütig abgelehnt, daß eine weitere Widerlegung nicht mehr notwendig scheint[3].

---

[1] Heilborn, System 326, 404 ff.; Beling, Besprechung 619; Wagner 97 ff.

[2] Zusammenstellung bei Wagner 12 ff.

[3] Vgl. gegen die prozessuale Natur des Krieges Rettich passim, vornehmlich 50 und 67 ff.; Lueder 178 ff.; Heilborn, System 329 ff.; Wagner 93 ff.; — hinsichtlich der Repressalien Wagner 61/62.

3. Systematisch unbedingt brauchbar, weil folgerichtig und zweckmäßig, ist nur die namentlich neuerdings angewandte Rubrik der nichtkriegerischen Selbsthilfe[1].

Unter völkerrechtlicher Selbsthilfe ist zu verstehen das eigenmächtige Vorgehen des Staates gegen andere zur Wahrung seiner Rechte und Interessen[2]. Ein Vorgehen dieser Art stellt sich seiner rechtlichen Bedeutung nach dar als ein Sichhinwegsetzen über die Schranken, welche durch die Anerkennung der Gleichberechtigung und Unabhängigkeit aller Staaten der Völkerrechtsgemeinschaft dem Handeln des Einzelnen gezogen sind, damit als ein Gebrauch der natürlichen, von der Rechtsordnung nicht verliehenen, sondern prinzipiell eingeschränkten Betätigungsfreiheit[3]. Diese Freiheit findet ihre Grenze nur an der physischen Macht; die Selbsthilfehandlungen kennzeichnen sich in ihrer tatsächlichen Erscheinung als Gewaltanwendung, Übung physischen Zwangs[4].

Der Begriff der „Gewalt", wie er hier — und übrigens auch bei der Rubrik der „gewaltsamen" Streiterledigung — Verwertung findet, erfordert nicht notwendig die Vorstellung eines gewalttätigen Handelns; zwischen dem Vorgehen mit gewaffneter Hand und dem freundschaftlich-friedlichen Verkehr ist dem Staat eine ganze Reihe von Handlungsmöglichkeiten gegeben, durch die er in mehr oder minder ernster Weise seinem Willen Nachdruck zu verleihen vermag. „Physischer Zwang" kann geübt werden durch alle

[1] Zusammenstellung bei Wagner 17 ff. — Aus der neuesten Literatur sind ergänzend anzuführen: Gareis 218; Heilborn, Völkerrecht 1053 ff.; Jellinek, System 323; Liszt 310.

[2] Daß der privatrechtliche Selbsthilfebegriff nicht ohne weiteres auf das Völkerrecht anwendbar ist, bedarf eines besonderen Nachweises, wie ihn Wagner 63 ff. zu erbringen sucht, wohl nicht.

[3] Jellinek, System 323; Heilborn, System 334, 351, 371.

[4] Jellinek a. a. O.; Heilborn, System 334, 325.

„Handlungen, welche nach allgemeinem Friedensrechte rechtswidrig sind", und „es gibt Friedenshandlungen, welche trotz Fortbestehens des friedlichen Zustandes einen durchaus feindlichen Charakter haben" [1]. Physischer Zwang zur Verwirklichung der Selbsthilfeabsicht kann demnach geübt werden nicht nur durch die wirklich gewalttätigen Mittel des Krieges und der in einem rechtswidrigen Handeln bestehenden sogenannten positiven Repressalien, sondern auch durch die zwar gewaltsamen, jedoch nicht gewalttätigen Mittel der Retorsion und der in einem rechtswidrigen Unterlassen bestehenden sogenannten negativen Repressalien.

Die Selbsthilfe als Gewaltanwendung oder, unzweideutiger gesprochen, als Übung physischen Zwanges kann nun soweit gehen, daß sie die allgemeinen Schranken, welche die Rechtsordnung der natürlichen Betätigungsfreiheit gesetzt hat, ausnahmslos durchbricht und nur noch an den besonderen, für diesen Ausnahmefall vorgesehenen Schranken ihre Grenze findet; dann ist die Selbsthilfe eine kriegerische, die ihr gesetzten besonderen Schranken sind gegeben durch das Kriegsrecht. Die Selbsthilfe kann sich aber auch dahin bescheiden, daß sie nur einzelne jener allgemeinen Schranken durchbricht. Sie hält sich in diesem Falle innerhalb des Rahmens des Friedensrechtes, die Selbsthilfe ist eine friedliche oder nichtkriegerische.

II. Gleiche Uneinigkeit wie über die Bezeichnung der Rubrik der nichtkriegerischen Selbsthilfe herrscht in der Literatur auch über die innere Gliederung dieser Materie. Vor allem die Friedensblockade spielt dabei eine wenig glückliche Rolle. Bald erscheint sie als eine Unterart der Repressalien oder der Intervention, bald dem einen oder andern oder beiden zusammen koordiniert. Um zu einem klaren Bilde zu gelangen, bedarf es einer scharfen

---

[1] Heilborn, System 325. — Mit der richtigen Auffassung des Begriffes „Gewalt" erledigt sich auch der von Wagner 64 erhobene Einwand, es gebe sog. Selbsthilfemittel, denen das Merkmal der Gewalt fehle.

Scheidung zwischen den Gründen, welche die nichtkriegerische Selbsthilfe rechtfertigen, einerseits und den zulässigen Handlungen der nichtkriegerischen Selbsthilfe anderseits [1].

1. Als Selbsthilfegründe sind anerkannt: a) die Zufügung einer Unbilligkeit, sogenannter Retorsionsgrund; b) die Zufügung eines Unrechts und die Rechtsgefährdung, sogenannter Repressaliengrund; c) die Interessengefährdung, hervorgehend aus der Handlungsweise eines einzelnen oder aus dem Konflikt mehrerer Staaten, sogenannter Interventionsgrund.

2. Von nichtkriegerischen Selbsthilfehandlungen sind zugelassen: a) die Retorsion als Unbilligkeiterwiderung; b) die Repressalie als vereinzelte Unrechtserwiderung [2]; c) der Gewaltakt als unbeschränkte Zwangsübung im formalen Rahmen des Kriegszwanges.

Die Begriffe der nichtkriegerischen Selbsthilfehandlungen sind durchweg nicht unbestritten. Die Retorsion, die man neuerdings — zu Unrecht — aus dem System des Rechtes gänzlich eliminieren wollte [3], bedarf immer noch einer juristischen Präzisierung. Desgleichen herrscht keinerlei Einigkeit darüber, welche Akte als Repressalien zulässig sind. Die Idee des nichtkriegerischen Gewaltaktes endlich gehört erst der jüngsten Zeit an, ermangelt daher noch völlig der theoretischen Durchbildung [4]; im großen

[1] Solche Scheidung ist eigentlich nur von Heilborn, System 364 ff. u. 408; Völkerrecht 1053 ff. mit Klarheit und Schärfe durchgeführt worden. Bei anderen findet sie sich wenigstens im Ansatz; so hat Perels richtig erkannt, daß bei Erörterung der Friedensblockade die Frage des Grundes auszuschalten und nur die Handlung der Blockade auf ihre Zulässigkeit zu prüfen sei, vgl. Rapport, Ann. IX, 278 (Rev. 246, Journ. 722): „Il importe peu, du reste, que le blocus se produise à titre de représailles ou à titre d'intervention; une action violente licite peut être admise par l'un comme par l'autre motif." Die Stelle wird von Ducrocq 64 wörtlich übernommen.

[2] Es wird hier nur auf die Repressalien als Selbsthilfemittel in Friedenszeiten Bezug genommen; das schwierige Problem der Kriegsrepressalien bleibt außer Betracht.

[3] Heilborn, System 352; Beling 618; Wagner 58.

[4] Als Beispiel eines nichtkriegerischen Gewaltaktes ist anzuführen

Umriß läßt sich der Gewaltakt kennzeichnen als ein Vorgehen mit bewaffneter Hand und allen im Kriege erlaubten Mitteln zum Zweck der Wiederherstellung normaler Rechts- und Interessenverhältnisse. Vom Krieg unterscheidet sich somit der Gewaltakt nur dadurch, daß er einen bestimmten, für die Gesamtheit der Staatengemeinschaft wertvollen Zweck verfolgt und mit Erreichung dieses Zweckes sein Ende findet.

3. Größte Unklarheit aber herrscht über die Beziehungen der einzelnen Selbsthilfehandlungen zu den einzelnen Selbsthilfegründen.

Feststehend ist zwar, daß für den Regelfall der Retorsionsgrund die Retorsion, der Repressaliengrund die Repressalie nach sich zieht; auch kann darüber kein Zweifel sein, daß der Repressaliengrund nicht zum Gewaltakt, der Retorsionsgrund nicht zur Repressalie berechtigt. Dagegen ist die aus einem legalen Interventionsgrund hervorgehende Intervention an bestimmte Mittel nicht gebunden. Denn so gut die Reaktion gegen eine Interessengefährdung ohne die Zuflucht zur Selbsthilfe auf diplomatischem Wege erfolgen und so gut sie zu einem kriegerischen Konflikt Anlaß geben kann, ebenso gut kann sie auch je nach dem Umfang der Gefährdung und nach dem Grade des Widerstandes die ganze Skala der nichtkriegerischen Selbsthilfemittel von der Retorsion bis zum Gewaltakt durchlaufen. Welches Mittel im einzelnen Falle angemessen erscheint, ist lediglich Tatfrage.

Sonach ist es nicht angängig, die Intervention als eine besondere Form der Selbsthilfeübung neben die angeführten Selbsthilfehandlungen zu stellen; vielmehr erschöpfen sich, da andere Formen als Unbilligkeits- und Unrechtszufügung nicht wohl denkbar sind, in den genannten

das Eingreifen der Großmächte in die chinesischen „Wirren“ des Jahres 1900. — Die Annahme des „Gewaltaktes“ als einer besonderen Form der nichtkriegerischen Selbsthilfe ist von Jellinek in seinen Völkerrechtsvorlesungen angeregt worden.

drei Gruppen — Retorsion, Repressalien, Gewaltakt — alle Möglichkeiten nichtkriegerischer Selbsthilfehandlungen.

III. In welcher Weise nun die Friedensblockade einzugliedern ist, ergibt sich nach dem Gesagten ohne weiteres. Es hat keinen Sinn, sie als eine Art der Intervention zu bezeichnen oder gar der Intervention oder den Repressalien zu koordinieren. Vielmehr ist sie als Handlung unter die angeführten drei Möglichkeiten einzureihen; und da die Friedensblockade weder Unbilligkeitsübung, noch unbeschränkte Unrechtszufügung, sondern eine bestimmte einzelne Art der Unrechtszufügung darstellt, ist sie — ihre rechtliche Zulässigkeit vorausgesetzt — zu betrachten als eine einzelne Form der Repressalien, als eine spezifisch maritime Repressalie.

Dem Rechtsgrund oder Rechtfertigungsgrund nach kann freilich die Friedensblockade wie jede andere Repressalie, sowohl auf einem Repressalien- als auch auf einem Interventionsgrund beruhen. Eines solchen Grundes bedarf die Blockade, um den Anspruch erheben zu können, als eine friedliche betrachtet zu werden. Es hat kein Bedenken, diesen Rechtfertigungsgrund als „iusta causa" zu bezeichnen; an naturrechtliche Vorstellungen braucht dabei nicht gedacht zu werden[1].

An der Feststellung, daß die Friedensblockade nur als eine bestimmte einzelne Form der Unrechtszufügung aufzufassen ist, darf die Tatsache nicht irre machen, daß sich mit der Blockade häufig andere Akte der Feindseligkeit, eine Landung, eine Beschießung oder auch ein wirkliches Gefecht verbinden. Ein solcher Akt ist, soweit er nur eine vorübergehende Verschärfung der Sperrmaßregeln darstellt und nur zur Aufrechterhaltung oder Durchführung der Blockade dient, lediglich als begleitender Umstand der Hauptmaßregel, als „Inzident" der Friedensblockade zu betrachten.

---

[1] So zutreffend Bulmerincq gegen Holland in den Verhandlungen des Instituts von 1887, Ann. IX, 298.

IV. Als verwandte Formen der maritimen nichtkriegerischen Selbsthilfe sind mit der Friedensblockade unter die Repressalien einzugliedern:

1. die Beschlagnahme gegnerischer Schiffe in den eigenen Territorialgewässern, das Embargo im engeren Sinne[1];

2. die Beschlagnahme gegnerischer Schiffe auf hoher See und im gegnerischen Territorialmeer, das Embargo im weiteren Sinne[2].

Diese beiden Formen, die neben der Friedensblockade als der schärfsten Form maritimer Repressalien die nächstmilderen Formen darstellen, können bei einer Betrachtung der Friedensblockade nicht außer acht gelassen werden[3].

§ 4.

Die literarische Behandlung des Problems.

Die Literatur der Friedensblockade ist erst wenige Jahrzehnte alt und mag einem raschen Überblick noch recht dürftig erscheinen. Wer es aber unternimmt, den bisherigen Versuchen der Theorie näher zu treten, der sieht sich bald einem chaotischen Wirbel der mannigfaltigsten und widerstreitendsten Anschauungen gegenüber. Er wird gewahr, daß der Stoff, der in den systematischen Darstellungen des Völkerrechts, des internationalen See-, Kriegs- und Selbsthilferechts, in Monographieen über die Friedensblockade und in Abhandlungen über einzelne Blockadefälle

[1] Der Gebrauch des Ausdrucks „Embargo“ für andere als Repressalienmaßregeln kommt hier nicht in Betracht; vgl. hierüber Bulmerincq, Staatsstreitigkeiten §§ 33—35 (98 ff.); Ullmann § 161 (457 f.).

[2] Diese Maßregel wird in der Literatur durchweg nur als „Beschlagnahme“ („saisie“) bezeichnet. Es empfiehlt sich aber, wegen der Verwandtschaft der beiden angeführten Maßregeln und der Kürze halber auch hier den Ausdruck „Embargo“ zuzulassen. Der Ausdruck „Beschlagnahme“ ist wegen seiner vieldeutigen Anwendbarkeit auf Vorgänge zu Wasser und zu Lande als Terminus technicus zur Bezeichnung eines seerechtlichen Selbsthilfemittels wenig geeignet.

[3] Lafargue 95 ff. verschmilzt schlechtweg die Untersuchung über die Praxis der Blockade und des Embargo.

niedergelegt ist, einen ganz beträchtlichen Umfang aufweist. Er wird aber auch gewahr, daß trotz alledem von einer Einigung der Anschauungen, von einer Klärung der Fragestellung oder gar von einer Lösung des Problems nicht die Rede sein kann. Selbst auf dem Zoll für Zoll umstrittenen Boden des Völkerrechts wird man kaum einen Punkt finden, wo ein gleicher Widerstreit der Meinungen sich kundgibt.

Die Ursache dieser Erscheinung ist zu suchen einerseits in einer ungenügenden Festlegung der systematischen Grundlinien, auf denen sich das Problem der Friedensblockade aufbaut, anderseits in einer ungeeigneten Behandlung des Problems an sich. Der Mangel eines systematischen Fundamentes führt notwendig zu einer unklaren Fragestellung, der Mangel einer wirklichen Untersuchungsmethode zu unsicheren Ergebnissen.

I. Zur systematischen Grundlegung wurden bereits (oben § 3) die hier für maßgebend erachteten Gesichtspunkte angedeutet.

II. Was die Untersuchungsmethode anlangt, so ist die Behandlungsweise des Problems in der bisherigen Literatur eine sehr verschiedene.

Die Völkerrechtssysteme und umfassenderen Monographieen finden bei der Besprechung der Friedensblockade, wie begreiflich, zumeist ein Genüge an der Aufstellung doktrinärer Lehrsätze, denen günstigstenfalls eine mehr oder weniger aphoristische Begründung beigefügt wird. Eine ausführlichere Begründung findet sich namentlich bei Bulmerincq (Staatsstreitigkeiten), Calvo, Carnazza-Amari, Despagnet (Cours), Fiore, Geßner (Droit des neutres), Hall, Kleen, T. J. Lawrence, Fr. v. Martens, L. Oppenheim, Perels (Seerecht), Pradier-Fodéré, Rivier (Principes), Wagner, Westlake, Woolsey[1]. Mitunter wird eine kurze Charakteristik einer Anzahl angeblicher Blockadefälle gegeben, wie

[1] Wegen der Titel der angezogenen Werke wird auf das Literaturverzeichnis verwiesen.

bei Bulmerincq (a. a. O.), Calvo, Fauchille, Hall, Kleen, Martens, Oppenheim, Perels (a. a. O.), Rivier (a. a. O.), Wagner, Westlake, mitunter nur eine Aufzählung solcher Vorgänge, wie bei Carnazza-Amari, Despagnet (a. a. O.), Pradier-Fodéré, Rivier (Lehrbuch), Taylor, Wharton, Woolsey[1]. Häufig werden die Ansichten anderer Publizisten ausführlich wiedergegeben, wie bei Bonfils-Grah, Calvo, Carnazza-Amari, Nys (Droit international), Pradier-Fodéré, Wharton, mitunter die Gegner und Freunde der Maßregel einander gegenübergestellt, wie besonders bei Bulmerincq (a. a. O.) und Perels (a. a. O.), selten eine eingehende Kritik der verschiedenen Ansichten geübt, wie bei Fauchille und Kleen.

Auch die Monographieen können nicht durchweg befriedigen. Bei den einen, wie bei Barclay, Baty, Bulmerincq (Blocus pacifique), Geffken (Contrerapport), Perels (Rapport), Rontiris, Westlake (Pacific Blockade) wird eine gründliche Durcharbeitung des Tatsachenmaterials der Praxis vermißt, bei anderen, wie namentlich bei Lafargue[2], treten die rechtlichen Gesichtspunkte gegenüber den historischen und politischen zu sehr in den Hintergrund. Ducrocq gibt eine eingehende theoretische Untersuchung und, daran anschließend, eine ausführliche Darstellung einer Anzahl von Fällen; hier wie dort wird aber eine genügende kritische Sichtung des Materials nicht erreicht. Ähnlich angelegt ist die Abhandlung von Hogan, die sich durch Vollständigkeit der historischen Darstellung auszeichnet; allein dieser Autor arbeitet mit einem viel zu unbestimmten Blockadebegriff. Barès

---

[1] Es mag hier gleich vorweg bemerkt werden, daß in den Aufzählungen der Blockadefälle sich häufig unrichtige Daten finden; auf dergleichen Irrtümer soll im folgenden nicht immer im einzelnen eingegangen werden.

[2] Lafargue hat seine Abhandlung als eine solche über Friedensrepressalien überhaupt betitelt; sie bildet jedoch eine Monographie über die Friedensblockade mit einer Einleitung über das Repressalienrecht im allgemeinen.

unternimmt eine wohldisponierte Kritik der Friedensblockade, läßt es aber an der wünschenswerten Ausscheidung rein politischer Momente und an Genauigkeit in der Darstellung der Praxis fehlen. Holland hat versucht, seine Ausführungen auf eine vollständige Aufzählung aller Friedensblockadefälle zu stützen; allein sein Katalog, der Maßregeln der verschiedensten Art zusammenstellt, vermag einer näheren Kritik nicht Stand zu halten. Überaus verdienstvoll und unentbehrlich ist die Abhandlung von Falcke, der 1891 eine quellenmässige und erschöpfende Darstellung der Praxis bis zum Jahre 1850 und neuerdings (1909) eine Fortführung dieser Darstellung bis zum Jahre 1884/85 gegeben hat; seine Rechtsausführungen freilich müssen gegenüber dem überreichen historischen Material etwas spärlich erscheinen[1]. Söderquist, der als Darsteller der Blockade überhaupt stellenweise fast zum Monographen des Friedensblockade wird, bringt sehr schätzenswertes Material an historischen Dokumenten und treffende theoretische Bemerkungen, doch erscheint bei ihm die Friedensblockade nicht als selbständiges Rechtsproblem, sondern nur als Erscheinungsform der Kriegsblockade.

Die Abhandlungen über einzelne Friedensblockaden endlich konnten naturgemäß zur Klärung des Gesamtproblemes nicht allzuviel beitragen.

III. Für eine eingehende Untersuchung des Friedensblockadeproblemes sind folgende Grundsätze aufzustellen:

1. Es ist zunächst eine eingehende Darstellung der Praxis zu geben; die Staatenübung allein kann bei der Verwirrung der Theorie als sichere Richtlinie dienen. Da es sich nur um einen verhältnismäßig kurzen Zeitraum und nur um eine genau bestimmbare Anzahl von Anwendungsfällen handelt, muß für die Wiedergabe der Praxis die Forderung der Vollständigkeit erhoben werden.

---

[1] Die Neubearbeitung der Falckeschen Arbeit in Niemeyers Zeitschr. XIX, 63 ff. stellt übrigens einen theoretischen Teil in Aussicht.

An die historische Darstellung der Einzelfälle hat sich jeweils eine kurze rechtliche Beleuchtung anzuschließen[1].

2. Der Darstellung der Praxis hat die theoretische Untersuchung zu folgen. Dabei ist zuerst eine Übersicht der bisherigen Theorie zu geben unter Hervorhebung des Entwickelungsganges der Anschauungen; längst überholte und widerlegte Auffassungen dürfen nicht, wie dies häufig geschehen ist, den Anschauungen der Gegenwart als gleichwertig gegenübergestellt werden. Sodann sind die Ergebnisse der Praxis und Theorie zum Schlußresultat zu vereinen.

---

[1] Daß die hier zu gebende Darstellung einer Geschichte der Friedensblockade nur zu einem geringen Teil aus historischen Quellen schöpft, bedarf wohl keiner Rechtfertigung. Das angestrebte Ziel ist eine Zusammenfassung der gesamten Praxis unter einheitlichem Gesichtspunkt. Daher hat sich der vorliegende Versuch da, wo gründliche Darstellungen von völkerrechtlicher Seite schon gegeben wurden, auf gedrängte Kompilation und Nacherzählung beschränkt. Nur wo es in der völkerrechtlichen Literatur an einer ausreichenden Darstellung fehlte, wurden historische Quellen herangezogen. Den Wesensinhalt des Geschichtsabrisses muß die Hervorhebung der großen Zusammenhänge und die kritische Beleuchtung der einzelnen Vorgänge bilden.

Zweiter Abschnitt.

Geschichte der Friedensblockade.

Erstes Kapitel.

Die Anfänge.

§ 5.

Die rechtshistorischen Grundlagen.

Die Friedensblockade ist ein Kind des 19. Jahrhunderts, ein Kind der jüngsten Periode völkerrechtlicher Entwicklung, die, aus den Stürmen der napoleonischen Zeit herausgewachsen, nicht allein die früheren Ergebnisse wieder aufgriff, sondern auch manche neue Idee hervorbrachte. Aber freilich nur langsam hat sich aus den unklaren Anfängen der zwanziger und dreißiger Jahre ein juristisch einigermaßen greifbares Gebilde herausgestaltet. Und das kann nicht wunder nehmen. Denn eine nichtkriegerische Blockade als Selbsthilfemittel baute mit ihren begrifflichen Grundlagen auf schwankendem Boden. Zwar ist eine nichtkriegerische Selbsthilfe wenigstens in der Form der Repressalien und ebenso die Blockade wenigstens als kriegerische Blockade schon früheren Jahrhunderten bekannt gewesen; gleichwohl war die Entwicklung beider Begriffe mit dem 18. Jahrhundert noch keineswegs abgeschlossen.

I. Die Entwicklung des Begriffes der nichtkriegerischen Selbsthilfe.

Eine nichtkriegerische internationale Selbsthilfe war bereits dem Mittelalter bekannt in der Form der Privatrepressalien[1].

---

[1] Vgl. zur Geschichte der älteren Repressalien namentlich Mas Latrie, Du droit de marque etc.; außerdem Lafargue 30 ff.; Bulmerincq, Staatsstreitigk. §§ 20—22 (S. 72 ff.).

Das Wort „Repressalien“, seit dem 14. Jahrhundert aus dem Altfranzösischen in die Sprache der Diplomatie übergegangen, bezeichnet urprünglich nichts anderes als „die eigenmächtige Wegnahme eines fremden Gegenstandes, auch einer Person, in Veranlassung oder zur Wiedervergeltung einer dem Wegnehmenden widerfahrenen Rechtsverletzung“ [1], und zwar ist diese Wegnahme gedacht als Selbsthilfemittel des Privatmannes gegenüber einer Unbill, die ihm von einem Ausländer zugefügt wurde und für die ihm die ausländische Staatsgewalt eine ausreichende Genugtuung nicht verschaffte. Aber schon das ausgehende Mittelalter erkannte solche Selbsthilfe des Einzelnen, mochte sie gleich nur auf Grund obrigkeitlicher „Repressalienbriefe“ geübt werden, als unverträglich mit den Interessen eines entwickelteren internationalen Verkehrs und begann, sie einzuschränken [2]. Insbesondere bildete die Bindung der Repressalienübung an die Erteilung obrigkeitlicher Genehmigung lediglich den Übergang zur ausschließlichen Handhabung des Repressalienrechtes durch die Staatsgewalt. Bereits im 18. Jahrhundert sind die alten Privatrepressalien vollständig verdrängt worden durch die Staatsrepressalien der neueren Zeit.

Aber der moderne Repressalienbegriff, der an und für sich eine Beschränkung des Selbsthilferechts auf die Staatsgewalt enthält, geht im Lauf der allmählich fortschreitenden Entwicklung hinsichtlich der zugelassenen Repressaliengründe und der erlaubten Formen der Übung nach und nach weit über den alten Begriff hinaus. Die Doktrin des 17. und noch des 18. Jahrhunderts hält als den einzigen oder doch als den hauptsächlichsten Anlaß für die Übung der Repressalien den Fall der Justizverweigerung fest [3]; erst

---

1 Bulmerincq a. a. O. 72.

2 Vgl. Mas Latrie 45 ff.

3 Der Justizverweigerung wird regelmäßig gleichgestellt eine ungebührliche Justizverzögerung oder offenkundige Rechtsbeugung. — Vgl. Grotius III, 2 ubi de repressaliis § 5; Bynkershoek, Quaest. I, 24; Wolff, Jus gent. §§ 587, 588; Vattel §§ 343, 350 (Livr. II, Chap. XVIII.)

im 19. Jahrhundert wird die Lehre vertreten, daß nicht allein Weigerung und Verzögerung des Rechts seitens der Gerichtsbehörden zureichenden Grund zu Repressalien gebe, sondern auch jedes andere völkerrechtlich anfechtbare Gebahren, gehe es nun von der legislativen oder von der administrativen Gewalt aus[1]. Noch weit in das 19. Jahrhundert herein wird an der Beschlagnahme von Gütern oder Forderungen und an der Festnahme von Personen als den allein möglichen Formen festgehalten[2]; aber gegenüber dem Bedürfnis der Praxis nach Erweiterung des Kreises der nichtkriegerischen Selbsthilfemöglichkeiten sah sich auch die Doktrin veranlaßt, den alten Grundsatz des bloßen Wertersatzanspruches zu verlassen und eine ganze Reihe mehr oder minder gewalttätiger Maßregeln als moderne Repressalienhandlungen zu bezeichnen[3]. Allerdings sträubt sich die Theorie noch lange, die unmittelbare Durchbrechung des bestehenden Friedensrechtes durch einzelne Akte kriegerischer Gewalt als Repressalien zuzulassen. Die Praxis hat frühzeitig auch diese Grenze überschritten und derartig verschärfte Repressalien geübt.

Den Wendepunkt aber für die Entwicklung des modernen Repressalienbegriffes brachte die Wiedergeburt des Völkerrechts im 19. Jahrhundert. Die vorangegangenen Stürme hatten die letzten Rudimente mittelalterlicher Rechtsanschauung hinweggefegt und Raum geschaffen für ein von den alten Besonderheiten und Beschränkungen befreites, wahrhaft modernes Repressalienrecht. Und damit erst erwuchs der heutige Begriff der nichtkriegerischen Selbsthilfe, jene weitherzige Auffassung von der Verträglichkeit einzelner

---

[1] Vgl. Heffter §§ 111, 103a (Heffter-Geffken 238, 223 ff.).

[2] Grotius a. a. O.; Wolff §§ 589, 591; Vattel § 344; F. G. v. Martens § 258 (II, 194).

[3] Vgl. z. B. die Ausführungen bei H. B. Oppenheim 227 ff., der als Repressalien ansieht überhaupt „feindselige Handlungen zur Rettung der Ehre oder zur Erzwingung einer Satisfaktion“, — ferner die Aufzählungen bei Bluntschli § 500 (S. 280), F. v. Martens § 105 (II, 469) u. a.

kriegsmäßiger Gewaltmaßregeln mit dem Friedenszustand, wie sie in den zahlreichen Interventionen der neuesten Zeit zutage getreten ist.

II. Die Entwicklung des Blockadebegriffes.

Wenn die Restaurationszeit als Epoche der Wiedergeburt des Völkerrechts, nachdem sie eben erst den noch ungeklärten Begriff der nichtkriegerischen Selbsthilfe sich gebildet hatte, als ein Mittel dieser Selbsthilfe gerade die Blockade aufnahm, so fußte sie damit auf zwiefach unsicherer Grundlage: sie verband mit einem unentwickelten einen halbentwickelten Begriff. Denn auch die kriegerische Blockade hat erst im Laufe des 19. Jahrhunderts eine allgemein anerkannte Regelung gefunden [1].

Die Blockade, gedacht als einfache Absperrung zur See, ist zweifellos eine der natürlichsten und deshalb ältesten Maßregeln des Krieges. Der völkerrechtliche Blockadebegriff indes hat eine ganz bestimmte Art der Absperrung im Auge, bei der faktischer Zwang, nämlich die Aufstellung von Streitkräften, sich verbindet mit rechtlichem Zwang, nämlich dem Verbot des Blockadebruchs [2]. Solch rechtlicher Zwang aber ist nur denkbar bei einem einigermaßen ausgebildeten Neutralitätsrecht; denn erst nachdem die Freiheit der neutralen Schiffahrt als Regel anerkannt war, hatte es einen Sinn, dieser Schiffahrt unter der bestimmten Voraussetzung tatsächlicher Absperrung eine Schranke zu ziehen. Eine derartige Anerkennung der Freiheit neutraler Schiffahrt ist vor dem 16. Jahrhundert kaum zu konstatieren. Erst von dieser Zeit ab datiert daher die Entwicklung des modernen Blockadebegriffes. Von Bedeutung ist dabei der Umstand, daß dasselbe 16. Jahr-

[1] Vgl. zur Geschichte der Blockade vor allem Fauchille 1 ff.; ferner auch Kleen I, 542 ff.; Geffken, Neutralität 739 ff.

[2] In dieser Verbindung ist wohl der Hauptunterschied der modernen von der antiken Seesperre zu suchen, — nicht etwa mit Kleen I, 542 in dem selbständigen Charakter der modernen Sperre gegenüber der antiken, die immer nur als begleitende Maßregel bei Belagerungen Anwendung gefunden habe.

hundert zugleich die neuzeitlichen Kriegsflotten mit ihren großen, geschützbewehrten Fahrzeugen hat erstehen lassen; denn wenn schon eine rein tatsächliche Absperrung auch mit den Galeeren des Altertums und des Mittelalters möglich gewesen ist, so hat doch die Ausbildung der modernen Seekriegstechnik die Entwicklung der Blockade insofern wesentlich begünstigt, als sie die Möglichkeit jenes faktischen Zwanges in ungeahntem Maße erweitert hat[1].

In der Folgezeit hat sich dann der Begriff der Blockade langsam konsolidiert, freilich nicht ohne erhebliche Schwankungen; Papier- und Kreuzerblockaden spielten in der Praxis noch fortgesetzt eine bedeutende Rolle. So haben die Niederlande 1584, 1630, 1662 und 1666 sowie Spanien 1663 ohne Aufstellung irgend zulänglicher Streitkräfte sämtliche Feindeshäfen für blockiert erklärt. Trotzdem war das Ansehen gerade dieses Kriegsmittels ein beständig steigendes, eine Erscheinung, die mit der restriktiven Ausbildung des Konterbandebegriffes zusammenhängt. Denn die Abschneidung der Zufuhren war zu allen Zeiten ein wichtiges Mittel zur Niederkämpfung des Feindes, und je enger nun der Kreis der unter dem Rechtstitel der Konterbande zu verfolgenden Zufuhren wurde, desto wichtiger wurde ein Institut, das gestattete, wenigstens in lokal beschränkter Ausdehnung dem Feind allen und jeglichen Zuschub zu unterbinden[2]. Solche Möglichkeit gewährt eben die Blockade.

Mit dem wachsenden Ansehen und der häufigeren Anwendung der Blockade stieg das Bedürfnis nach schärferer Regelung. Diese wurde auch in der Praxis der Staaten des europäischen Kontinents mit Erfolg angestrebt; zahlreiche Verträge des 17. und 18. Jahrhunderts banden das Recht der Blockadeübung an immer enger umschriebene

---

[1] Zu weit geht Fauchille 2, wenn er annimmt, daß auch in faktischer Hinsicht eine Blockade erst durch die Kriegstechnik der Neuzeit ermöglicht worden sei.

[2] Auf diesen Zusammenhang hat namentlich Fauchille 5 ff. hingewiesen.

tatsächliche Voraussetzungen. Nur England, gestützt auf seine mehr und mehr unwidersprochene Überlegenheit zur See, bildete sich eine eigene Praxis aus, indem es immer unverhohlener dem System der fiktiven Blockade huldigte. So liefen zwei Entwicklungsgänge dns Blockaderechtes in divergierender Richtung nebeneinander her: die Entwicklung der kontinentalen Praxis in restringierendem, die der englischen Praxis in extensivem Sinne. Der Antagonismus beider Richtungen erreichte seinen Höhepunkt im Jahre 1780. Damals gab der britische Admiralitätshof die ungeheuerliche Erklärung ab, daß England „durch seine insulare Lage naturgemäß (!) alle Häfen Spaniens und Frankreichs blockiere". Demgegenüber verwarf die „Bewaffnete Neutralität" desselben Jahres Papier- wie Kreuzerblockade und erhob in präziser Formulierung die Forderung der Effektivität.

Aber so bedeutsam die bewaffnete Neutralität für die Völkerrechtsentwicklung im Großen gewesen ist, so gering war die unmittelbare praktische Wirkung ihrer Erklärungen, und die folgenden Jahre kriegerischer Wirrnisse haben die Erfolge der kontinentalen Bestrebungen völlig zunichte gemacht. Noch in den achtziger Jahren sind die Kontrahenten der bewaffneten Neutralität von deren Grundsätzen selbst wieder abgegangen, und auch die zweite Vereinigung vom Jahre 1800 hat eine nachhaltige Wirkung nicht ausüben können. Vielmehr war es die englische Praxis, die jetzt in allen Teilen des Meeres zur Herrschaft kam. Und so rasch ist der Verfall der bis 1780 gewonnenen Vorstellungen vor sich gegangen, daß in den ersten Jahren des 19. Jahrhunderts von der Blockade kaum mehr eine andere Vorstellung vorhanden gewesen ist als die eines sehr wirksamen und beliebig anzuwendenden Kriegsmittels. Nur aus diesem gänzlichen Verfall der Begriffe heraus erklären sich die seltsamen Sperrmaßregeln der napoleonischen Zeit, das englische Dekret vom 16. Mai 1806, das die gesamte Küste von der Elbmündung bis Brest unter „Blockade" erklärte, und das Berliner Dekret vom 21. November 1806, durch das Napoleon seinerseits das britische Inselreich in „Blockadezustand“ versetzte.

Mit der Rückkehr des europäischen Friedens lebten freilich die Errungenschaften der früheren Rechtsentwicklung wieder auf; auch hat Frankreich, das bei seinem Vorgehen gegen Algier in den Jahren 1827—1830 als erste Macht wieder kriegerische Blockaden verhängte, auf die Grundsätze der bewaffneten Neutralität zurückgegriffen. Gleichwohl kann angesichts der ablehnenden Haltung des seebeherrschenden England von einer allgemeinen Anerkennung dieser Grundsätze in der Restaurationszeit nicht gesprochen werden. Vielmehr ist daran festzuhalten, daß die damals erreichte Entwicklungsphase des Blockaderechtes eine feste und gleichförmige Praxis noch keineswegs verbürgte [1].

III. Das Erwachen des Friedensblockadegedankens.

Die eben angedeuteten Umrisse zeigen zur Genüge, daß zu Beginn des 19. Jahrhunderts weder der Begriff der nichtkriegerischen Selbsthilfe, noch auch der Begriff der Blockade zur Konsolidation gelangt war. Und es können die ersten Anfänge der Friedensblockade nur von dem richtig gewürdigt werden, der sich die Unsicherheit des Rechtsbodens, auf dem sie erstanden sind, eindringlich vergegenwärtigt. Es erübrigt noch, die Umstände darzutun, die trotz dieser Unsicherheit gerade damals die Idee einer solchen friedlichen Sperre in das Leben der Völker einführten.

Zwei Momente waren es, die in den Beziehungen der europäischen Staaten seit dem zweiten Dezennium des 19. Jahrhunderts hervortraten: auf der einen Seite die Neigung der Großmächte, in die Verhältnisse schwächerer

---

[1] Einen deutlichen Beweis hierfür liefern die noch im Krimkrieg hervorgetretenen Mißbräuche; vgl. Geßner, Recht des neutralen Seehandels 52 ff.

Staaten ordnend einzugreifen, — auf der anderen Seite eine merkliche Scheu vor ernsten kriegerischen Verwicklungen.

Beide Bestrebungen hatten ihre historische Grundlage.

Schon seit den Seekämpfen des amerikanischen Unabhängigkeitskrieges, namentlich aber seit den Wirren der französischen Revolution hatten sich die größeren Staaten des östlichen Europa daran gewöhnt, zur Wahrung solidarischer Interessen sich zusammenzuschließen. Die bewaffneten Neutralitäten von 1780 und 1800, die Koalitionen von 1792, 1799 und 1805 sind Symptome solchen erwachenden Solidaritätsgefühles. Mit dem Sturz der napoleonischen Herrschaft entwickelte sich dann dieses Gefühl in einer ganz bestimmten Richtung: die großen Monarchien glaubten sich berufen, gegen die gemeine Gefahr einer künftigen Revolution Vorkehrungen zu treffen, hielten sich aber damit für berechtigt, gemeinschaftlich eine Art von Oberaufsicht über Europa auszuüben und autoritativ über das Schicksal von Staaten und Völkern zu entscheiden; es schien, als solle das Bevormundungsprinzip des Polizeistaates auf die internationalen Beziehungen übertragen werden. Dieser Geist beherrschte die ganze Restaurationszeit. Ihm entsprang die „Heilige Allianz", die schwärmerische Schöpfung des Ersten Alexander, und aus ihm erwuchs auch die realere Politik des Reaktionärs Metternich, der Veroneser Kongreß von 1822 und die mit ihm zusammenhängenden Ereignisse.

Aber so rücksichtslos die Reaktion vorging, so besorgt war sie, den europäischen Frieden zu erhalten. Sie hat in Italien wie in Spanien mit Waffengewalt dem Legitimitätsprinzip Geltung verschafft, und sie ist gegenüber den griechischen Freiheitskämpfen mit einer imponierenden Seestreitmacht aufgetreten; eine Kriegserklärung oder auch nur ein Abbruch der diplomatischen Beziehungen wurde gleichwohl ängstlich vermieden. Zu lebhaft war noch die Erinnerung an die Schrecknisse der Kriegsstürme, die von 1789—1815 in fast ununterbrochener Folge über Europa hingebraust waren. Dem Hochdruck kriegerischen Geistes war eine tiefe Depression gefolgt, eine dumpfe Thesis in dem weltgeschichtlichen Rhythmus des Krieges.

Wenn jenes erste Moment dazu führte, das Prinzip der Kollektivintervention zur Geltung zu bringen, so qualifizierten sich die tatsächlich erfolgten Einmischungen jener Zeit unter dem Einfluß des zweiten Momentes vornehmlich als Interventionen durch nichtkriegerischen Zwang. Beide Ideen waren damals neu. Denn die moderne Kollektivintervention unterscheidet sich durchaus von der alten Intervention, wie sie etwa im 18. Jahrhundert Frankreich auf Grund des Westfälischen Friedens, Rußland auf Grund des Teschener Vertrags gegenüber dem Deutschen Reiche übten, und zwar vornehmlich durch den Zweck: die alte Intervention[1] diente eingestandermaßen dem politischen Interesse einzelner Staaten, die Kollektivintervention des 19. Jahrhunderts wird ausdrücklich nur im Sinne des Schutzes gemeinsamer Rechtsinteressen ausgeübt. Ebensowenig ist die ältere „Repressalienübung“ etwa eines Ludwig XIV. zu vergleichen mit dem nichtkriegerischen Zwang der Restauration; dort war es lediglich die Ohnmacht der Betroffenen, die eine Gegenwehr und damit den Kriegsausbruch hintanhielt, hier waltete der ernstliche Wunsch des angreifenden Teiles, den Friedenszustand zu bewahren.

Es hat somit die Restauration unter dem Einfluß der gedachten zwei Momente das Prinzip der nichtkriegerischen Kollektivintervention in die Geschichte eingeführt.

§ 6.

Die ersten Anwendungsfälle.

An drei ganz verschiedenen Punkten Europas hat die Restauration den Gedanken des friedlichen Zwanges durch

[1] Vgl. zur Geschichte der Intervention Geffken, Intervention § 40 (135 ff.).

Anwendung blockadeartiger Maßregeln zum Ausdruck gebracht: gegenüber Norwegen 1814; gegenüber der Türkei 1827 und 1828; gegenüber Holland 1832—1833.

I. Englisch-schwedische Maßregeln gegen Norwegen 1814 [1].

Schon im Stockholmer Vertrag vom 3. März 1813 hatte England sich damit einverstanden erklärt, daß Schweden als Ersatz für das verlorene finnische Land Dänisch-Norwegen an sich ziehe. Als das Kriegsglück gegen den großen Korsen entschied, mußte sein Bundesgenosse, der Dänenkönig, im Kieler Vertrag vom 14. Januar 1814 jener Vereinbarung sich fügen. Die Norweger aber, die nichts weniger wünschten als eine Einverleibung in Schweden, erklärten sich für unabhängig und wählten den dänischen Prinzen Christian Friedrich zum König. Daraufhin verhängte Schweden am 12. April 1814 über sämtliche norwegischen Häfen den Blockadezustand. Seinem Beispiel folgte England mit einer Erklärung vom 29. April.

Nach der schwedischen Blockadeerklärung sollten die aus norwegischen Häfen auslaufenden Schiffe ohne Unterschied als gute Prise behandelt werden. Was die Einfuhr in die gesperrten Häfen anging, so sollten die mit Kriegs- und Mundvorräten beladenen Fahrzeuge vorbehaltlich weiterer Verfügung provisorisch sequestriert, alle übrigen Handelsfahrzeuge erstmals mit entsprechendem Vermerk in den Schiffspapieren zurückgewiesen, im Wiederholungsfall weggenommen werden. Die englische Erklärung drohte schlechtweg mit den völkerrechtlichen Folgen des Blockadebruchs. Tatsächlich hat die Blockade, die englischerseits durch ein Geschwader von leichteren Kriegsschiffen, schwedischerseits vornehmlich durch Kaper aufrecht erhalten wurde, wahrscheinlich keine Effektivität erreicht, immerhin aber dem Handel Norwegens merklichen Abbruch getan. Da indes die norwegische Regierung sich weder durch die

---

[1] Dieser Blockadefall ist erst durch Söderquist 60 ff. (Dokumente ebenda 282 ff.) der Literatur gewonnen und ausführlich besprochen worden.

Blockade, noch durch die diplomatischen Bemühungen der Koalitionsmächte zur Nachgiebigkeit bestimmen ließ, ging Schweden mit dem 27. Juli 1814 zum offenen Krieg über. Der nach kurzem Feldzug am 14. August zu Moß abgeschlossene Waffenstillstand bestimmte auch die Aufhebung der Blockade; infolge eines schwer verständlichen „Versehens“ ist aber englischerseits die Sperre erst am 3. September aufgehoben worden.

Der Charakter dieser Blockade ist ein sehr zweifelhafter. Während die schwedische Diplomatie annahm, daß Norwegen als schwedischer Gebietsteil mit Schweden überhaupt nicht im Krieg stehen könne, wohl aber mit England, hat die englische Streitmacht sich ihrerseits mit peinlichster Sorgfalt auf die Durchführung der Blockade beschränkt und keinerlei weitergehende Operationen gegen Norwegen unternommen oder auch nur geduldet. Auf der andern Seite war Norwegen von den Mächten der Koalition durch Eintritt in diplomatische Verhandlungen, von Schweden insbesondere durch Anwendung des völkerrechtlichen Zwangsmittels der Blockade als selbständiges Völkerrechtssubjekt anerkannt und deshalb an einem für Dänemark etwa noch bestehenden Kriegszustand nicht notwendig beteiligt. Daß allerseits die Erhaltung des Friedens angestrebt wurde, ist unzweifelhaft. Darnach ist festzustellen, daß die Blockade — als im Friedenszustand und in der Absicht der Friedenserhaltung verhängt — anfangs tatsächlich nichtkriegerischen Charakter trug. Freilich ist dieser Charakter weder in der äußeren Form noch auch jedenfalls im Bewußtsein der Beteiligten zu deutlicher Gestaltung gelangt.

Mit dem 27. Juli begannen die Schweden den offenen Krieg. Von diesem Zeitpunkte an stand auch England als der Verbündete Schwedens mit dem norwegischen Staatsgebilde im Krieg. Es ist also von diesem Zeitpunkt an die gesamte Blockade eine kriegerische gewesen [1]. Die nach

[1] Durchaus unzutreffend ist es, wenn Söderquist 64 annimmt, die Blockade habe englischerseits als eine friedliche weiterbestanden.

dem Vertrag von Moß englischerseits noch fortgeführte Sperre endlich ist ein Vorgang ohne blockaderechtliche Bedeutung.

II. Die Intervention in den griechischen Befreiungskampf 1827—1830.

Bis vor kurzem verlegte die gesamte völkerrechtliche Literatur den ersten Fall einer im Friedenszustand geübten Blockade in die Zeit der Schlacht bei Navarin, also in das Jahr 1827 [1]. Tatsächlich hat die Intervention der christlichen Mächte in dem griechischen Befreiungskampf sowohl in diesem als im folgenden Jahre zu Maßregeln geführt, die für die Entwicklung des Gedankens der Friedensblockade bedeutsam sind.

a) Die Maßregeln von 1827 [2].

Die grausamen Kämpfe, unter denen die ägyptische Streitmacht des Ibrahim Pascha den griechischen Aufstand auf der Halbinsel Morea und im Archipel niederzuwerfen suchte, hatten allenthalben die Bande der Ordnung gelöst;

England war sowohl kraft der den Wiener Kongreß überdauernden Koalition als auch kraft der Zusammenwirkung mit den schwedischen Seestreitkräften der Verbündete Schwedens und hatte als solcher an dem ausbrechenden Kriege Teil.

[1] Die „Blockade" von 1827 erscheint an der Spitze fast aller Aufzählungen, so bei Barclay 477; Barès 18; Bluntschli 285; Bonfils-Grah 530; Bulmerincq, Blocus pacifique 569; Staatsstreitigk. 117; Burgh 121; Calvo II, 613 und IV, 187 (§ 2691); Carnazza-Amari II, 622; Despagnet, Cours 531; Ducrocq 92; Falcke 62 (Zeitschr. 68); Fauchille 38; Ferguson II, 240; Fiore II, 604; Geffken, Heffter-Geffken 243; Neutralität 746; Geßner, Droit des neutres 234; Hall 386; Hautefeuille II, 273 u. a.; Heilborn, Völkerrecht 1053; Hogan 73; Holland 136; Kleen I, 645; Lafargue 184; Lawrence 297; Lawrence's Wheaton 845; Liszt 313; Martens II, 473; Nys, Droit int. III[1], 91; Guerre maritime 68; Oppenheim II, 43; Perels, Seerecht 151; Pradier-Fodéré V, 746; Rivier, Lehrbuch 376; Principes II, 198; Rolin-Jaequemyns, Chronique, Rev. d. dr. int. XVIII, 619 Note 1; Rontiris 228; Taylor 444; Testa 132; Ullmann 458; Westlake II, 11; Pac. Bl. 16; Wharton III, 407; Woolsey 121. — Vgl. auch Wagner 79.

[2] Eingehend vor allen Falcke 62 ff. (Zeitschr. 68 ff.); — ausführlich auch Barès 28 ff.; Ducrocq 92 ff.; Hogan 73 ff.; Lafargue 184 ff.; Söderquist 64 ff.

die zunehmende Unsicherheit in den griechischen Meeren fügte dem Handel der Abendländer schwere Schädigungen zu. Diesem Übelstand zu steuern, vereinigten sich England und Rußland in dem sogenannten „Petersburger Protokoll“ vom 4. April/23. März 1826 und unter Frankreichs Beitritt im Londoner Vertrag vom 6. Juli 1827 zum Zweck einer Vermittelung zwischen der Pforte und der provisorischen griechischen Regierung. Da die Pforte rundweg ablehnte, nahmen die Geschwader der drei Mächte die schon in den Verträgen vorgesehenen Zwangsmaßregeln in Angriff. Weil aber England, das seit dem am 8. August 1827 erfolgten Tode des Griechenfreundes Canning sich sehr versöhnlich zeigte, schärferem Vorgehen widersprach, mußten sich die Maßregeln der Verbündeten in diesem Sommer darauf beschränken, der türkisch-ägyptischen Streitmacht die Zufuhr von Verstärkungen abzuschneiden. Im September erst wurde beschlossen, die von der griechischen Regierung über alle von den Türken besetzten Plätze verhängte (fiktive) Blockade durch Aufstellung der Geschwader zu effektuieren und so den Türken die Zufuhr jeder Art zu unterbinden. Von diesem Beschluß wurden die Konsuln der Blockademächte, die türkischen leitenden Stellen und der Kommandant eines neben der ägyptisch-türkischen Flotte im Hafen von Navarin ankernden österreichischen Geschwaders verständigt, von einer offiziellen Bekanntmachung der Sperre jedoch abgesehen. Bald darauf, am 20. Oktober 1827, machte die Schlacht von Navarin, welche die osmanische Seemacht vernichtete, aber auch die verbündeten Geschwader erheblich schwächte, den Interventionsmaßregeln fürs erste ein Ende.

b) Die Maßregeln des Jahres 1828[1].

Entsprechend einer nach der Seeschlacht abgegebenen Erklärung der Verbündeten, den Frieden als nicht gebrochen

[1] Die Vorgänge des Jahres 1828 hat als erster Falcke 73 ff. (Zeitschr. 78 ff.) in ihrer Bedeutung erkannt und ausführlich dargestellt; sie finden sich sonst nur bei Söderquist 68 besprochen.

betrachten zu wollen, wurden im Folgejahre 1828 die alten Maßregeln wieder aufgenommen; es wurde den Türken zunächst aller Kriegsvorrat, seit dem März überhaupt jegliche Zufuhr abgeschnitten. Instruktionsgemäß sollte eine „effektive Blockade“ verhängt werden und ein Zusammenwirken mit den griechischen Streitkräften stattfinden, soweit der zwischen den Griechen und der Pforte bestehende Kriegszustand ein solches zulasse (!). Tatsächlich geriet Ibrahim Pascha im Sommer 1828 in ernstliche Verköstigungsschwierigkeiten; er mußte sich dazu bequemen, auf Grund eines zwischen dem englischen Admiral und dem ägyptischen Vizekönig am 6. August zu Alexandria geschlossenen Vertrags im Oktober die Rückfahrt nach Ägypten anzutreten. Rußland, das bereits im April der Türkei den offenen Krieg erklärt, aber für das Mittelmeer auf Ausübung des Kriegsrechtes verzichtet hatte, zog im Oktober auch sein Mittelmeergeschwader zu kriegerischen Operationen heran und schied damit aus der friedlichen Intervention aus. Bald darauf hat die Tätigkeit des englisch-französischen Geschwaders gleichfalls ihr Ende erreicht; im November 1828 wurde Morea unter die Garantie der Mächte gestellt und damit die Fortführung der Sperrmaßregeln überflüssig. Die griechische Frage aber hat mit dem Frieden von Adrianopel 1829 und der Anerkennung der griechischen Unabhängigkeit 1830 ihren nächsten Abschluß gefunden.

c) Die Rechtsnatur der Interventionsmaßregeln.

Zweifellos ist das Eingreifen der Mächte aufzufassen als eine wohlberechtigte Intervention[1]. Den orientalischen Wirren zu steuern, war ein Gebot der Humanität sowohl als der Rücksicht auf die Sicherheit des internationalen Levantehandels.

Die äußere Gestalt der Sperre von 1827 ist durchaus verschwommen; eigentliche Blockadeform hat sie jedenfalls

[1] So ausdrücklich Ducrocq 99; Falcke 81 (Zeitschr. 84); Rontiris 228; auch die ältesten Gegner der Friedensblockade wie Haute-

nicht erreicht[1]. Dagegen steht fest, daß im Jahre 1828 eine effektive Blockade beabsichtigt und gegenüber Morea zeitweilig auch durchgeführt wurde[2]. Der Mangel jeglicher Notifikation und das indirekte Zusammenwirken mit der kriegführenden griechischen Regierung zeigt aber, daß man sich dabei über die Begriffe der Blockade wie der nichtkriegerischen Selbsthilfe noch recht unklar gewesen ist[3]. Darnach sind beide Sperren zu betrachten als unausgebildete Friedensblockaden, — die erste als eine nur in ihren Wirkungen, die andere als eine an sich selbst gewollte, aber noch unfertige Friedensblockade.

III. Die Intervention in der belgischen Frage 1830—1833.

Vielfach unter den Friedensblockaden aufgeführt werden die Maßregeln, durch deren Anwendung die Westmächte England und Frankreich, die seit 1830 für die aufständischen Belgier eingetreten waren, in den Jahren 1832/33 den Holländerkönig Wilhelm zwangen, die Unabhängigkeit Belgiens anzuerkennen[4]. In Wirklichkeit hat es sich bei dieser Intervention[5] nicht um eine Blockade gehandelt, sondern um ein Embargo im engeren Sinne (Beschlag-

---

feuille II, 280 erkennen den Rechtsgrund dieser Einmischung an. Mit Unrecht wird sie von Geffken (Intervention 148 f.) als zweifelhafte, von Bulmerincq (Bloc. pac. 570, Staatsstreitigk. 117) als unberechtigte Intervention bezeichnet.

[1] Zutreffend bemerkt Falcke 72 (Zeitschr. 76), „daß man nach gewissen Richtungen den Erfolg einer Blockade gewünscht hat, ohne den Mut zu finden, eine solche zu wollen.“

[2] Falcke 74 (Zeitschr. 78).

[3] Söderquist 68 bezeichnet die Maßregel nach der Seeschlacht als „blocus prétendu pacifique“.

[4] Ausführlich dargestellt bei Falcke 82 ff. (Zeitschr. 91 ff.); Barès 29 ff.; Ducrocq 103 ff.; Hogan 80 ff.; Lafargue 161 ff.; Söderquist 71 f.; — unter den Friedensblockaden aufgezählt bei Barclay 477; Bulmerincq, Bloc. pac. 570; Staatsstreitigk. 117; Calvo IV, 188 (§ 2693), vgl. auch I, 75; Carnazza-Amari II, 611; Fauchille 39; Geffken, Heffter-Geffken 243; Holland 137; Kleen I, 645; Nys, Guerre maritime 68; Oppenheim II, 44; Perels, Seerecht 151; Pradier-Fodéré V, 746; Rivier, Lehrbuch 376; Taylor 444; Wagner 78; Westlake II, 12; Pac. Bl. 17; Wharton III, 407.

[5] Die Intervention als solche erscheint bei Geffken, Intervention 153/154 als eine berechtigte.

nahme holländischer Schiffe in englischen und französischen Häfen) und um ein Embargo im weiteren Sinne (Aufgreifung holländischer Schiffe auf hoher See). Doch hat die zweite Maßregel, da sie von einer vor den Häfen Hollands ständig kreuzenden englisch-französischen Flotte durchgeführt wurde, den Charakter einer gegen die Schiffe niederländischer Flagge gerichteten Sperre angenommen; sie kann insofern als eine blockadeartige bezeichnet werden. Unter solchem Gesichtspunkt erscheint auch sie als ein Symptom für das Erwachen des Gedankens der Friedensblockade.

Zweites Kapitel.

Die Hauptperiode.

§ 7.

Charakteristik der Hauptperiode.

Wie mancher neue Kulturgedanke hat auch die Idee der Friedensblockade das Schicksal gehabt, daß ihre Bedeutung eine Zeitlang überschätzt wurde. Infolge dieser Überschätzung hat man das neue Zwangsmittel in den dreißiger und vierziger Jahren allzu kritiklos angewandt, um es, durch eintretende Mißerfolge abgeschreckt, um die Mitte des 19. Jahrhunderts wieder ebenso kritiklos fallen zu lassen. Allerdings muß auch hier wieder auf den Rhythmus der Geschichte hingewiesen werden [1]; wie der mit Beilegung der napoleonischen Wirren eingetretene Kriegsüberdruß in der ersten Hälfte des 19. Jahrhunderts den Gedanken des nichtkriegerischen Zwanges begünstigt hatte, so haben die wichtigen weltpolitischen Fragen der fünfziger und sechziger Jahre und die zu ihrer Lösung ausgefochtenen großen Kriege diesen Gedanken wieder

---

[1] Vgl. oben § 5, III.

zurücktreten lassen. Im Gegensatz zu anderen Epochen nichtkriegerischen Charakters aber kennzeichnet sich die blockadereiche Zeit der dreißiger und vierziger Jahre als jene Periode allzu häufiger und allzu freier Anwendung des Selbsthilfemittels der Friedensblockade, die sich als unmittelbare Folge der Aufdeckung des neuen Gedankens darstellt.

Allein in dieser allgemeinen Bedeutung für den Entwicklungsgang der Idee der Friedensblockade erschöpft sich die Charakteristik unserer Zeitspanne noch nicht. Auch im Hinblick auf die ihr eigene Rechtsübung stellt sie sich dar einerseits als eine innerlich einheitliche und in sich abgeschlossene Epoche, anderseits als eine Epoche folgerichtiger Fortbildung der vorangegangenen Anfänge. Das Moment der Einheitlichkeit und Geschlossenheit kommt zunächst darin zum Ausdruck, daß es nur zwei Mächte, England und Frankreich, gewesen sind, die in dieser Zeit eine besondere Praxis nichtkriegerischer Zwangsübung ausgebildet haben [1], ferner aber auch darin, daß ein gelegentliches kollektives Vorgehen der beiden Mächte die Ausbildung von einer Art vermittelnder Praxis ermöglichte. Das Moment folgerichtigen Aufbaues auf den vorhandenen Grundlagen seinerseits kommt zum Ausdruck einmal in der Tatsache, daß es dieselben beiden Mächte sind, denen schon bei den Anfängen der Friedensblockade die wichtigste Rolle zufiel, zum andern in der Tatsache des gelegentlichen Zusammenwirkens dieser Mächte, worin der für die Anfänge so bedeutsame Gedanke der kollektiven Zwangsübung sich als fortdauernd lebendig erweist.

Alle diese Beziehungen führen dazu, für die historische Betrachtung der Friedensblockade die Maßregeln der dreißiger und vierziger Jahre zu einer besonderen Periode zusammen-

[1] Hiervon macht eine Ausnahme die späterhin (§ 10, II) zu besprechende spanische Blockade vom Jahre 1860; sie ist jedoch Projekt geblieben und schließt sich im übrigen vollständig an die englisch-französische Praxis an.

zufassen. Schon Falcke hat — freilich nicht aus den hier entwickelten Gesichtspunkten, sondern wohl aus Gründen der Zweckmäßigkeit — die Friedensblockaden der Jahre 1827—1850 im Zusammenhang behandelt und von einer „Hauptperiode der Friedensblockaden" gesprochen[1]. Mit dieser Behandlungsweise deckt sich die in der vorliegenden Darstellung gegebene Periodisierung nicht völlig; einerseits wurden hier die noch gar zu verschwommenen „Anfänge" zu gesonderter Betrachtung ausgeschieden, anderseits wurden zwei Fälle aus den Jahren 1860 und 1863, die sich durchaus an die Praxis der vierziger Jahre anschließen, mit einbezogen, so daß die hier angenommene Periode die Fälle der Jahre 1831—1863 umfaßt. Abgesehen von dieser kleinen Verschiebung besteht aber kein Grund, die von Falcke gewählte Bezeichnung „Hauptperiode" nicht auch hier beizubehalten. Nur darf sich mit ihr nicht die Vorstellung verbinden, als handle es sich dabei etwa um eine Blütezeit des Friedensblockaderechtes, wo doch allein auf die quantitative Häufung der Fälle Bezug genommen wird.

Daß aber diese Periode sich als eine Zeit schwerer Mißbräuche darstellt, macht sie keineswegs für die völkerrechtliche Betrachtung wertlos; vielmehr ist gerade die Beobachtung jener Exzesse und ihrer jeweiligen Folgen am ehesten geeignet, die rechtlichen Schranken einer geordneten Blockadeübung scharf hervorzuheben. Im übrigen wird in der allgemeinen Literatur wenn nicht ausdrücklich, so doch stillschweigend gerade diese Epoche ins Auge gefaßt; insbesondere ist da, wo kurzweg von „englischer" oder „französischer Praxis" gesprochen wird[2], in der Regel die Praxis der „Hauptperiode" zu verstehen. Auch in der vorliegenden

---

[1] Falcke S. 2. — Die Neubearbeitung der Falckeschen Studie in Niemeyers Zeitschrift tut des Begriffs der „Hauptperiode" keine Erwähnung mehr.

[2] Vgl. z. B. Barclay 485; Bulmerincq, Blocus pacifique 576; Ducrocq 74; Geßner, Droit des neutres 240/241; Kleen I, 648 Note 1; Pradier-Fodéré V, 759.

Darstellung ist zunächst die englische und die französische Praxis, sodann die aus kollektivem Zusammengehen erwachsene englisch-französische Praxis in ihrer Entwicklung zu verfolgen.

§ 8.

Die englische Praxis.

Nach den Anfängen der zwanziger Jahre hat zuerst Frankreich wieder zu nichtkriegerischen Repressionsmaßregeln größeren Maßstabes gegriffen; gleichwohl — und das ist wohl kein ganz bedeutungsloses Zusammentreffen — blieb es der stärksten Seemacht, England, vorbehalten, die Reihe der formell erklärten Friedensblockaden zu eröffnen.

I. Die Blockade der Häfen von Neu-Granada 1837[1].

Im Januar 1836 war der englische Konsul in Panama, Russel, als Urheber eines Straßenauflaufes verhaftet und im Mai darauf nach granadischem Gesetz zu 6 Jahren Gefängnis verurteilt worden. Die Forderungen Englands, den Konsul unter Zubilligung eines Schmerzensgeldes in Freiheit zu setzen und die beteiligten Beamten zu entlassen, wurden im Dezember abgelehnt.

Demgegenüber schritt England zur Zwangsübung. Am 18. Januar 1837 erschien der Kommodore Peyton mit sieben Schiffen vor dem Hafenplatz Cartagena, wo der General Lopez den Oberbefehl führte. Zunächst kam es nochmals zu friedlichen Unterhandlungen. Nun war zwar das Urteil gegen Russell bereits am 3. Januar wieder aufgehoben und der Konsul in Freiheit gesetzt worden; gleichwohl wurde des Prinzipes halber seine Auslieferung noch am 20. Januar

---

[1] Falcke 3 ff. (Zeitschr. 96 ff.); Ducrocq 109 ff.; Hogan 83 ff.; Lafargue 103 ff.; Söderquist 72 f. — Der Fall wird (mitunter fälschlich als eine Blockade vom Jahre „1836") zitiert bei Barclay 477; Carnazza-Amari II, 623; Despagnet, Cours 531; Ferguson II, 240; Hall 386; Hautefeuille II, 274; Holland 134; Kleen I, 646; Rolin-Jaequemyns, Chronique, Rev. d. dr. int. XVIII, 619 Note 1; Taylor 444; Westlake II, 12; Pac. Bl. 17; Woolsey 192.

formell verweigert. Peyton antwortete mit der Erklärung, daß die Häfen der Republik als blockiert anzusehen seien, und wies durch eine Note vom 21. Januar den englischen Konsul in Cartagena an, den einheimischen und fremden Behörden offiziell die Anzeige zu machen, daß der Kommodore bereits am 10. Januar von Jamaica aus (!) eine strenge Blockade sämtlicher granadischen Häfen verfügt habe.

Der Erfolg der Maßregel, die sich auch auf Schiffe unbeteiligter Nationen erstreckte, war nicht sehr groß; es wurden vier Schiffe angehalten, darunter eine französische Bark. Immerhin aber war die Regierung von Neu-Granada, die bei England noch weitergehende Absichten auf den Isthmus von Panama befürchten mochte, so eingeschüchtert, daß Lopez dem Kommodore am 31. Januar von der Freilassung des Russell Mitteilung machte, indem er zugleich sein Ehrenwort für die sofortige Bezahlung der verlangten Entschädigung verpfändete. Peyton hob daraufhin am 2. Februar 1837 unter einem Salut von 19 Schuß die Blockade formell auf; den vier beschlagnahmten Schiffen wurde die Weiterreise nach ihrem Bestimmungsort gestattet.

II. Als Friedensblockade findet auch Erwähnung die **Blockade von Kanton 1839**[1]. Allerdings haben die Engländer eine solche Blockade am 11. September 1839 erklärt; die Maßregel wurde aber vor ihrem Inkrafttreten am 16. September widerrufen[2]. Im übrigen handelte es sich bei diesem Hergang um ein Vorspiel des Opiumkrieges, also keinenfalls um friedlichen Zwang.

III. Repressalien gegen das Königreich Neapel 1840[3].

In einem Handelsvertrag von 1816 hatte Neapel-Sizilien den Engländern die Stellung der meistbegünstigten Nation eingeräumt. Nun verlieh der König von Neapel im

---

[1] Lentner, Recht im Kriege 72.
[2] Söderquist 98.
[3] Dieser Fall wird, soweit ersichtlich, nur vom Historiker und Politiker als „Blockade" bezeichnet (vgl. Ann. d. D. M. XII [1862/1863]

Jahre 1838 einer nichtenglischen Privatgesellschaft das Monopol für die Gewinnung des sizilischen Schwefels. England erblickte hierin eine Vertragsverletzung und erhob Beschwerde. Die neapolitanische Regierung versprach auch im Sommer 1839 die Abschaffung des Monopols auf 1. Januar 1840. Da die Abschaffung bis zu diesem Zeitpunkt nicht erfolgt war, ließ Lord Palmerston als Staatssekretär des Auswärtigen die englischen Forderungen von neuem geltend machen. Und das rücksichtslose Auftreten des britischen Gesandten am Hofe von Neapel führte dazu, daß der König, der ursprünglich den englischen Forderungen entgegengekommen war, im Frühjahr 1840 den Standpunkt wechselte und seinen Minister, der zur Nachgiebigkeit geraten hatte, entließ.

Jetzt ging England mit Gewaltmaßregeln vor. Schon hatte das Mittelmeergeschwader Order, sich zum Eingreifen bereit zu halten, und am 17. April 1840 begannen die britischen Schiffe vor Neapel ihre Operationen, indem sie eine Anzahl neapolitanischer Fahrzeuge wegnahmen; zugleich wurde auf alle sizilischen Schiffe in den Häfen von Malta ein Embargo gelegt. Der König von Neapel machte zuerst Anstalten, Widerstand zu leisten, nahm aber bald die Vermittelung Frankreichs an. Er mußte sich bequemen, das Monopol aufzuheben und die Unternehmer zu entschädigen. Zu Anfang Mai schon waren die freundschaftlich diplomatischen Beziehungen zwischen England und Neapel wieder hergestellt.

IV. Die Nikaragua-Blockaden von 1842 und 1844[1].

Seit 1841 schwebten zwischen den mittelamerikanischen Republiken Nikaragua und Costarica Streitigkeiten um den

---

380 und Falcke, Zeitschr. 165, Note 10), nicht aber in der völkerrechtlichen Literatur. Doch gehört er seiner Natur nach gleichfalls in diese Darstellung, zumal er für die englische Repressalienpolitik der vierziger Jahre recht charakteristisch ist. — Der Fall wird im übrigen (häufig mit falscher Datierung) erwähnt als „Embargo“, ausführlicher besprochen bei Maurice 58; Oppenheim II, 35 ff.; Phillimore III, 35 ff.

[1] Diese Maßregeln sind erst durch Falcke 29 ff. (Zeitschr. 118 ff.)

Besitz des Hafens San Juan, der als Ausgangspunkt des damals projektierten Nikaraguakanales besondere Bedeutung hatte. England, das den Platz für das von ihm geschaffene „Königreich Mosquitia" in Anspruch nahm, benutzte die aus der allgemeinen Verwirrung sich ergebenden zahlreichen Reklamationen dazu, die Stadt gewaltsam von Nikaragua loszureißen.

a) Blockade von 1842: Die Verweigerung einer Entschädigung britischer Untertanen gab zunächst Anlaß, den Hafen San Juan vom 17. Juni bis 8. Dezember 1842 unter Blockade zu halten. Die förmliche Blockadeerklärung schrieb Spezialnotifikation vor und bedrohte die Blockadebrecher mit den Folgen einer de facto-Blockade[1]. Die Bezahlung der geforderten Entschädigung hatte die Wiederaufhebung der Maßregel zur Folge.

b) Blockade von 1844: Zwei weitere Fälle von Justizverweigerung führten bald zu neuen Verhandlungen und zu neuerlicher Blockade. Die Blockadeerklärung wurde von dem englischen Kommandanten zunächst am 23. März 1844 auf eigene Faust abgegeben, nach Eintreffen der offiziellen Instruktion am 30. März wiederholt. Die Blockade, die gegen Schiffe aller Nationen gerichtet war, hat spätestens am 2. Oktober 1844 ihr Ende gefunden.

Der Streit um den Hafen von San Juan hat sich übrigens dahin entschieden, daß der Platz 1849 dem Königreich Mosquitia einverleibt, 1860 aber an Nikaragua zurückgegeben wurde[2].

---

der völkerrechtlichen Literatur gewonnen worden und finden sich bisher nur bei Barclay 481; Hogan 92 ff; Perels, Seerecht 151; Söderquist 79 ff. als Beispiele friedlicher Blockaden verwertet. Ausführlichere Darstellungen geben Falcke und offenbar ihm folgend Söderquist, — anderseits Hogan, der (92 ff. und 95 ff.) beide Blockadefälle gesondert behandelt.

[1] Über die de facto-Blockade vgl. oben § 2 S. 6 Note 1.

[2] Auffallenderweise finden bei Falcke und ebenso bei Söderquist die englischen Entschädigungsansprüche keinerlei Erwähnung; noch merkwürdiger ist, daß Hogan, der die ausführlichste Darstellung der beiden Vorgänge gibt, mit keinem Wort des eigentlichen Streites um den Besitz des Hafens gedenkt, obgleich er S. 92 Note 2b sowohl die „Correspondence

V. Die Pacifico-Frage von 1850[1].

Großes Aufsehen erregte in ganz Europa das Vorgehen Englands gegen Griechenland im Jahre 1850, ein Vorgehen, das sich aus verschiedenen Motiven herleitete, vor allem aber mit dem berüchtigten Namen Pacifico verknüpft ist.

Im Laufe der vierziger Jahre war zwischen Athen und London eine gewisse Spannung eingetreten, da verschiedene Vorfälle zu diplomatischen Erörterungen Anlaß gegeben hatten. Dem englischen Historiker Finlay war ein Stück seines Gartens in Athen enteignet worden. Die Regierung der unter englischem Protektorat stehenden jonischen Inseln klagte über unbillige Behandlung der Jonier durch die griechischen Behörden, erhob überdies Ansprüche auf die griechischen Inseln Cervi und Sapienza. Zu Ostern 1847 hatte der athenische Pöbel bei einem Auflauf das Haus des aus Gibraltar stammenden portugiesischen Juden David Pacifico geplündert, und im Januar 1848 eine griechische Polizeipatrouille im Hafen von Patras irrtümlicherweise eine Schaluppe des englischen Kriegsschiffes „Fantom" angehalten.

Griechenland zeigte sich einer friedlichen Erledigung dieser Beschwerdefälle durchaus geneigt. Insbesondere waren die griechischen Gerichte bereit, über die Ansprüche des Pacifico zu entscheiden.

Aber die englische Politik bedurfte eines Vorwandes,

respecting the Mosquito Territory" als auch die Falkesche Abhandlung zitiert. Das Verhältnis der abweichenden Darstellungen bedarf noch der Aufklärung.

[1] Falcke 49 ff. (Zeitschr. 131 ff.): außerdem ausführlich dargestellt als „Friedensblockade" bei Barès 37 ff.; Hogan 105 ff.; Lafargue 129 ff.; Rontiris 229 ff.; bei Söderquist 84 ff. als „une sorte de blocus limité"; als Gewaltmaßregel anderen Charakters bei Calvo II, 601 ff. (§§ 1573 bis 1579); Maurice 61 ff.; Phillimore III, 37 ff.; — Im übrigen unter den Friedensblockaden aufgezählt bei Barclay 481; Bonfils-Grah 530; Bulmerincq, Bloc. pac. 572; Staatsstreitigkeiten 118; Despagnet, Cours 532; Fauchille 40; Geffken, Heffter-Geffken 240/243; Neutralität 746; Hall 386; Holland 134; Liszt 314; Neumann 96; Oppenheim II. 39; Perels, Seerecht 151; Pradier-Fodéré V, 747; Rivier, Lehrbuch 376; Principes II, 198; Wagner 78; Westlake II, 14; Pac. Bl. 20; Wharton III, 407. — Rolin-Jaequemyns, Chronique, Rev. d. dr. int. XVIII, 619 Note 1 scheidet den Vorgang ausdrücklich aus der Reihe der Friedensblockaden aus.

um gegenüber dem wachsenden Einfluß Rußlands am Sterbelager des „kranken Mannes“ die britische Flagge in den griechisch-türkischen Gewässern zu neuem Ansehen zu bringen. So lenkte Palmerston unter Hinweis auf den mangelhaften Zustand der griechischen Gerichte die Pacifico-Frage auf den diplomatischen Weg; er scheute sich nicht, die unverschämte Forderung des Pacifico, der seine Ansprüche im September 1847 auf über 30000 £ berechnet hatte, nicht nur in voller Höhe zur Geltung zu bringen, sondern noch ein Schmerzensgeld von 500 £ zuzuschlagen.

Da die Verhandlungen zu keinem Ziel führten, erschien im Januar 1850 das britische Dardanellengeschwader unter dem Vizeadmiral Parker unvermutet vor dem Piräus. Während die griechische Regierung das schroffe Ultimatum des Admirals vom 16. Januar nur mit einem Appell an die guten Dienste Frankreichs und Rußlands beantwortete, sperrte Parker den Piräus am 17. Januar für die Ausfahrt der griechischen Staatsschiffe, am 24. Januar für die Ausfahrt überhaupt aller griechischen Fahrzeuge. Durch eine weitere Verfügung vom 28. Januar wurden alle mit ihrer Ladung in ausschließlich griechischem Eigentum stehenden Schiffe im Piräus, desgleichen in den Häfen von Patras, Syra und Spezia aufgegriffen und in Detention gebracht. Dieses Embargo wurde im Laufe des Februar noch auf weitere Häfen ausgedehnt und erst angesichts der Vorstellungen Frankreichs und Rußlands am 1. März außer Kraft gesetzt. Als dann die Vermittelungsversuche des französischen Unterhändlers Baron Gros gescheitert waren, wurde die Maßregel am 25. April nochmals aufgenommen. Nunmehr ließ die griechische Regierung weiteren Widerstand als nutzlos fallen und erkannte am 27. April die englischen Forderungen als dem Grunde nach gerechtfertigt an. Daraufhin hob Parker noch am gleichen Tage die neuerliche Sperre des Piräus wieder auf und gab überdies sämtliche detinierten Kriegs- und Handelsschiffe zurück, jedoch nur gegen die formelle Verpflichtung, daß die griechische Regierung weder selbst aus der Beschlagnahme irgendwelche Ersatzansprüche erheben, noch auch dahingehende Ansprüche Privater unterstützen werde. In der endgültigen Konvention, die am 18. Juli zu Athen ihren Abschluß fand, wurde die Feststellung der Entschädigungsansprüche des Pacifico einer gemischten Kommission überwiesen, hinsichtlich der übrigen Fragen erkannte England seine bereits erfolgte Befriedigung an.

Dieser Verlauf der Affäre hatte in ganz Europa wie auch in England selbst tiefen Unwillen erregt. Namentlich fühlte sich Frankreich durch das Scheitern seiner Vermittelungsversuche so schwer in seiner Würde gekränkt, daß es am 14. Mai seinen Bevollmächtigten am Londoner Hofe abrief. Im englischen Parlament bekam Palmerston einen schweren Stand. Das Oberhaus gelangte mit erheblicher Majorität zu einer scharfen Verurteilung der Regierungspolitik, und nur durch Verbindung des Urteils über seine gesamte Amtsführung zu einer einzigen Abstimmung gelang es dem Minister, wenigstens im Unterhaus ein Billigungsvotum zu erzielen.

Die in der Konvention vom 18. Juli vorgesehene Schiedskommission, die in Lissabon zusammengetreten war, fällte am 5. Mai 1851 ihre Entscheidung. Sie konnte nach dem brutalen Vorgehen Englands nicht beschämender ausfallen: Unter der Annahme, daß bei dem gedachten Aufruhr möglicherweise einige Papiere von geringer Bedeutung abhanden gekommen sein könnten, wurde dem Kläger Pacifico eine Entschädigung von 150 £ zugesprochen. Und dieser Betrag, im Vergleieh zu den ursprünglichen Forderungen ein elender Bettel, den die griechische Regierung ohne Weiterungen auszahlte, wurde von Pacifico widerspruchslos angenommen.

VI. Die Operationen vor Rio de Janeiro 1863[1].

Auch der wahrhaft klägliche Ausgang der Pacifico-Affäre hat die englische Politik noch nicht dauernd von

[1] Vgl. Ann. d. D. M. XII (1862/1863) 920 ff.; weniges bei Schultheß,

ähnlichem Vorgehen abhalten können. Nur wenige Jahre nach dem Abschluß ihrer kriegerischen Tätigkeit gegen Rußland hat die britische Seemacht wieder friedlichen Zwang geübt. Diesmal galt es einer exotischen Monarchie, dem Kaiserreich Brasilien.

Im Juni 1861 war ein englisches Handelsschiff, der „Prince of Wales", an der brasilianischen Küste nahe der Grenze von Uruguay gescheitert, die gesamte Bemannung ertrunken. Die Untersuchung des Falles hatte ein nahezu negatives Ergebnis. Gleichwohl wurde englischerseits ein durch brasilianische Untertanen begangenes Verbrechen angenommen, und der Gesandte Christie machte Entschädigungsansprüche geltend. Ein weiteres Vorkommnis knüpfte sich an die Anwesenheit der englischen Fregatte „Forte" auf der Rhede von Rio im August 1862. Einige Offiziere dieses Schiffes waren auf einer in Zivil unternommenen animierten Landpartie mit einem brasilianischen Posten in Streit geraten und, ohne daß man ihren Rang kannte, eine Nacht lang in Haft gehalten worden. Auch dieser Zwischenfall wurde Gegenstand einer Beschwerde.

Gegenüber der fortgesetzt ablehnenden Haltung Brasiliens in beiden Fragen schlug die englische Diplomatie bald einen scharfen Ton an. Schon im November 1862 hatte der Staatssekretär Earl John Russel mit Zwangsmaßregeln gedroht, und im Dezember verdichteten sich die Forderungen des Bevollmächtigten Christie zu einem förmlichen Ultimatum. Da Brasilien auch demgegenüber fest blieb, übergab Christie

---

Gesch.-Kal. 1863, 172/176. Genaue Darstellungen geben neuerdings Falcke, Zeitschr. 146 ff.; Hogan 117 ff.; Söderquist 89 ff. Bis dahin findet sich der Vorgang durchweg nur als Fall des „Prince of Wales", nicht als Fall des „Forte" erwähnt, so auch in den etwas eingehenderen Darstellungen des Falles als Repressalienvorganges bei Calvo II, 605 ff (§ 1580) und Perels, Seerecht 149. — Unter den Friedensblockaden (mit vielfach falscher Datierung) bei Barclay 482; Bulmerincq, Bloc. pac. 573; Staatsstreitigk. 119; Fauchille 41; Geffken, Heffter-Geffken 243; Neutralität 746; Holland 135; Oppenheim II, 44; Perels, Seerecht 151; Pradier-Fodére V, 749; Rivier, Lehrbuch 376; Taylor 444; Westlake, Pac. Bl. 20; Wharton III, 407.

die Angelegenheit nunmehr der britischen Flottenstation. Deren Kommandant, Admiral Warren, griff im Januar 1863 auf der Rhede von Rio de Janeiro fünf Kauffahrteischiffe auf und ließ dem kaiserlichen Kabinett die Mitteilung zugehen, daß er die Schiffe als Pfand für die Erfüllung der englischen Forderungen zurückbehalten werde. Unter diesen Umständen hielt es die brasilianische Regierung für geraten, sich — wenn auch unter Protest — zu bescheiden und ein vorläufiges Übereinkommen zu unterzeichnen, nach welchem sie gegen Rückgabe der beschlagnahmten Fahrzeuge sich bereit erklärte, für den Verlust des „Prince of Wales" eine Entschädigung von 6500 £ zu bezahlen, während der Fall des „Forte" dem Schiedsspruch des Königs der Belgier unterbreitet werden sollte; Brasilien behielt sich aber ausdrücklich vor, seinerseits für die Wegnahme der brasilianischen Fahrzeuge Entschädigungsansprüche geltend zu machen, da diese in den Territorialgewässern des Kaiserreiches vorgenommene Aktion seine Souveränität verletzt habe.

Trotz der getroffenen Vereinbarung blieben die Beziehungen zwischen England und Brasilien überaus gespannt. Infolge der Ablehnung der Ersatzansprüche Brasiliens wurden sogar die diplomatischen Beziehungen der beiden Länder im Mai 1863 abgebrochen. Und dabei blieb es auch vorläufig. Zwar fällte der König der Belgier im Fall des „Forte" am 18. Juni 1863 seinen Schiedsspruch zugunsten Brasiliens, aber England weigerte sich, diese Entscheidung anzuerkennen[1]; ebenso wurde die von Portugal angebotene Vermittlung in London nicht angenommen. Brasilien anderseits beharrte auf seinem Standpunkt, an dem auch der Sturz des Kabinetts d'Olinda im Januar 1864 nicht viel ändern konnte. Erst im Dezember 1865 wurden die diplomatischen Beziehungen zwischen London und Rio unter portugiesischer Vermittlung wieder angeknüpft.

[1] Es dürfte dies der einzige Fall der neueren Geschichte sein, in welchem einem internationalen Schiedsspruch keine Folge geleistet wurde.

Zusammenfassung.

Ein Überblick über die angeführten Fälle bietet zunächst ein recht buntes Bild. Eine nähere Betrachtung zeigt indes bald eine Reihe einheitlicher Grundzüge und führt zu einer verschiedenartigen rechtlichen Beurteilung dieser Fälle, je nachdem ihre formale Seite, die äußere Gestaltung der Repressionsmaßregeln, oder ihre materielle Seite, der Rechtsgrund und Rechtszweck der Repression, in Frage steht.

1. Was die äußeren Formen der von England beliebten Gewaltübung angeht, so muß zugegeben werden, daß sie an sich — unter der Voraussetzung einer genügenden materiellen Rechtsunterlage — zu gewichtigeren Bedenken keinen Anlaß geben würden. Sie bewegen sich durchweg in einem gewissen formvollen Rahmen und tragen dadurch den ausgesprochenen Charakter von Rechtshandlungen zur Schau. So wurden bei den Unternehmungen gegen Neugranada und Nikaragua wirkliche, gegen die Schiffe der angegriffenen und dritter Staaten gerichtete Blockaden verhängt, regelrecht notifiziert und bis zu einem gewissen Grade auch effektuiert. In der Pacifico-Affäre hat gleichfalls eine förmlich angekündigte und tatsächliche Sperrung bestimmter Häfen in Verbindung mit einer Beschlagnahme von Schiffen stattgefunden; beide Maßregeln waren aber lediglich gegen griechische Fahrzeuge gerichtet. Im neapolitanischen und brasilianischen Streitfall endlich beschränkten sich die Zwangsmittel auf die Beschlagnahme von Schiffen der angegriffenen Flagge. Als Charakteristikum der englischen Praxis vindiziert man den Grundsatz, daß die Beschlagnahme regelmäßig zur Konfiskation führe. Er findet sich in der Hauptperiode indes öfters durchbrochen als befolgt. So steht für die Fälle von 1837, 1850 und 1863 die Freigabe der beschlagnahmten Schiffe fest. Die Tatsache allein, daß diese Freigabe mitunter, wie 1850 und 1863, nur auf Grund besonderer Abmachung und nur gegen bestimmte Gegen-

leistung erfolgte, läßt die latente Wirksamkeit jenes althergebrachten englischen Grundsatzes — der die Schiffe ohne Unterschied der Nationalität ergreift — noch erkennen.

Die zeitliche Folge der verschiedenen Repressionsformen, der Übergang von der auch für Unbeteiligte empfindlichen Blockade zum Embargo auf die Schiffe des schuldigen Staates allein und von der Totalsperre zur Einzelbeschlagnahme, könnte leicht zu der Auffassung verleiten, als zeige die englische Praxis eine Entwicklung in humanisierender Richtung. Diese Annahme wäre jedoch irrig. Mit dem Übergang von den regelrechten Blockaden der Jahre 1837, 1842 und 1844 zu den einfachen Beschlagnahmemaßregeln der Jahre 1840, 1850 [1] und 1863 hat England an Stelle der verhältnismäßig scharf umschriebenen Rechte einer blockierenden Macht die unklaren und dehnbaren Befugnisse in Anspruch genommen, die aus dem verschwommenen Begriff des Embargo abgeleitet werden. Und in der Ausübung des Embargo selbst macht sich eine weitere Verschärfung bemerkbar: Hatte England gegenüber Neapel sich noch damit begnügt, in seinen eigenen Gewässern und auf hoher See gegnerische Fahrzeuge aufzubringen, so ist es gegenüber Griechenland und Brasilien dazu übergegangen, derartige Beschlagnahmen in den Territorialgewässern der Gegner und im Angesicht ihrer Hauptstädte vorzunehmen. So zeigt die englische Praxis allerdings eine gewisse Entwicklung, — eine Entwicklung jedoch, die nicht auf Humanisierung, sondern auf immer stärkere und schrankenlosere Ausnützung der tatsächlichen Macht abzielt.

2. Zu einer förmlichen Verurteilung der englischen Praxis führt aber erst die Betrachtung ihrer materiellrechtlichen Seite und die Aufdeckung der überaus mangelhaften Begründung der erhobenen Ansprüche.

Nach englischer Auffassung hat es sich freilich in allen

[1] Die Sperrungen der griechischen Häfen von 1850 können wohl nicht als selbständige Blockaden, sondern nur als Vorbereitung der darauffolgenden embargoartigen Beschlagnahmemaßregeln betrachtet werden.

Fällen um erlittenes Unrecht, also um legitime Repressalien gehandelt. Verunglimpfung — ill-treatment — britischer Untertanen und Schutzbefohlenen (Fälle Russell, San Juan, Pacifico, der jonischen Beschwerden, Finlay, „Prince of Wales"), Mißachtung der Repräsentanten englischer Staatshoheit (Russell, „Fantom", „Forte"), Verletzung britischen Dominiums (San Juan [1]) und Vertragsbruch (sizilisches Monopol), — das waren die Vorwände für die englischen Maßregeln.

Aber sie alle erweisen sich als wenig stichhaltig. Der Konsul Russell hatte die ihm zugefügte Verletzung selbst provoziert. In der San Juan-Frage hat England 18 Jahre später, durch Konvention von 1860, die Unhaltbarkeit seiner Ansprüche auch seinerseits anerkannt [2]. In der Affäre von 1850 war die griechische Regierung zur ordnungsmäßigen Reparation bereit gewesen, während die englische Diplomatie den doppelten Fehler beging, daß sie einmal die Angelegenheit des Pacifico den griechischen Gerichten entzog [3] und überdies unverhältnismäßig hohe, ja, geradezu lächerliche Ersatzforderungen geltend machte. Die Reklamationen im Falle des „Prince of Wales" stützten sich allein auf die unbewiesenen Behauptungen des Konsuls, und daß die Offiziere des „Forte" nicht ohne eigenes Verschulden in ihre peinliche Lage geraten waren, erhellt aus dem belgischen Schiedsspruch. Ebenso dürfte sich England gegenüber Neapel im Unrecht befunden haben; selbst englische Autoren sprachen sich dahin aus, daß die Monopolverleihung insofern nicht den Vertrag von 1816 verletzt habe, als keine einseitige Benachteiligung britischer Untertanen erfolgt sei [4].

[1] Falcke 29 (Zeitschr. 118) führt die Blockade von San Juan als einen Fall der Intervention auf; aber der Streit zwischen Nikaragua und Costarica gab nur den politischen Anlaß für das englische Einschreiten, — den Rechtstitel bildete die von England beanspruchte Oberherrschaft über den Hafen.

[2] Festzustellen ist freilich, daß die zum unmittelbaren Vorwand gebrauchten Reklamationen britischer Untertanen nach der englischerseits gegebenen Darstellung bei Hogan 92 ff. berechtigt waren.

[3] Über die Bedeutung gerade der Justizverweigerung für die Entstehung des Repressionsanspruches vgl. oben § 5, I.

[4] Maurice 60.

Die wahren Gründe des englischen Vorgehens sind offenbar nicht in rechtlichen, sondern, wie mehrfach angedeutet, in politischen Erwägungen zu suchen. Man hat füglich darauf hingewiesen [1], daß England bei seinem zweimaligen Einschreiten in Zentralamerika gerade die beiden Punkte ins Auge faßte, an denen nach damaliger Ansicht eine Verbindung der Ozeane möglich schien, Panama und Nikaragua. Ebenso ist in den übrigen Fällen der Gedanke der politischen Zweckmäßigkeit nicht zu verkennen, sei es auch nur, daß einzig das Prestige der britischen Flagge es gewesen ist, dem die Rechte der Betroffenen geopfert wurden.

3. Was endlich der englischen Repressionspraxis vor allem den Stempel eines gewalttätigen und rechtlosen Verfahrens aufdrückt, ist die mehrfach wiederkehrende Erscheinung, daß die britische Diplomatie durch eine fortgesetzte Steigerung ihrer ursprünglichen Forderungen und die ungestüme Art der Verfolgung ihrer angeblichen Ansprüche den betroffenen Staaten von vornherein ein Einlenken vom Standpunkt der nationalen Ehre aus geradezu unmöglich machte. Konnte im Fall Russell für die Forderung einer Entschädigung noch ein Schein des Rechtes bestehen, so durfte doch nimmermehr die Aufhebung eines rechtmäßig ergangenen Strafurteils gefordert werden; die Exemtion der Agenten nichtdiplomatischen Charakters ist auch heute noch nur eine Forderung de lege ferenda [2]. Über die wiederholte Steigerung der Entschädigungsansprüche des Pacifico ist angesichts des Lissabonner Schiedsspruches kein Wort zu verlieren. In der neapolitanischen Frage hat gerade das rücksichtslose Auftreten Englands dahin geführt, den schon beigelegten Streitfall wieder akut zu machen. Krasseste Mißachtung der Souveränität schwächerer Staaten ist zu allen Zeiten ein hervorstechendes Merkmal britischer Politik gewesen.

---

[1] Falcke 6 (Note 7) und 21 (Zeitschr. 98 und 120).

[2] Liszt 134 ff.; Ullmann 216 (§ 160).

§ 9.

Die französische Praxis.

Vor und gleichzeitig mit England hat auch Frankreich seine Seestreitkräfte zur Übung nichtkriegerischen Zwanges verwendet. Aber die von ihm befolgten Grundsätze unterscheiden sich wesentlich von denen der britischen Praxis. Es tritt hier wieder der historische Gegensatz der englischen und der kontinentalen Übung zutage. Wie die britische Politik, die ihre maritime Überlegenheit stets höchst willkürlich ausgenützt hatte, auch in ihrer nichtkriegerischen Selbsthilfeübung ihre Vergangenheit nicht zu verleugnen vermochte, so muß anderseits daran erinnert werden, daß Frankreich anerkennenswerterweise bereits bei den Blockaden des algerischen Krieges von 1827 bis 1830 zu den Grundsätzen der bewaffneten Neutralität zurückgekehrt war.

I. Die Zwangsmaßregeln gegen Portugal 1831[1].

Wie Polignac versucht hatte, durch die algerische Expedition das Ansehen der Dynastie Karls X. zu heben, so war Casimir-Périer darauf bedacht, dem Julikönigtum durch auswärtige Unternehmungen einigen Glanz zu verleihen. Es hat daher die Pariser Politik der 30er Jahre nicht leicht einen Anlaß, die französischen Waffen im Ausland zu zeigen, unbenutzt vorbeigehen lassen.

Solchen Anlaß gab schon im Frühjahr 1831 die Gewaltherrschaft des portugiesischen Usurpators Don Miguel, der

[1] Ausführlicher dargestellt bei Falcke 43 ff. (Zeitschr. 85 ff.); Barès 26 ff.; Ducrocq 100 ff.; Hogan 77 ff.; Lafargue 95 ff.; Söderquist 69 ff.; Testa 295 ff.; — unter den Friedensblockaden aufgeführt bei Barclay 477; Bluntschli 285; Bonfils-Grah 530; Bulmerincq Blocus pacifique 571; Staatsstreitigkeiten 118; Calvo IV, 187 ff. (§ 2692) und II, 613; Carnazza-Amari II, 623; Despagnet, Cours 531; Fauchille 38; Ferguson II, 240; Geffken, Neutralität 746; Hall 386; Holland 134; Kleen I, 645; Nys, Guerre maritime 68; Oppenheim II, 44; Perels, Seerecht 151; Pradier-Fodéré V, 746; Rivier, Lehrbuch 376; Principes II, 198; Rolin-Jaequemyns, Chronique, Rev. d. dr. int. XVIII, 619 Note 1; Taylor 444; Testa 132; Wagner 78; Westlake II, 12; Pac. Bl. 16; Wharton III, 407; Woolsey 192.

auch französische Untertanen zum Opfer geworden waren. Insbesondere waren ungerechte und grausame Strafurteile gegen Franzosen gefällt worden. Da die portugiesische Regierung sich weigerte, mit dem Generalkonsul, dem Frankreich auch seine diplomatische Vertretung übertragen hatte, über jene Vorgänge zu verhandeln, verließ dieser seinen Posten.

Dafür erschien am 15. Mai ein französisches Geschwader unter Kapitän Rabaudy vor der Tejomündung, und als ein Ultimatum vom 16. eine verspätete und ungenügende Antwort gefunden hatte, begannen am 23. Mai die Zwangsmaßregeln. Es wurden von diesem Tage ab ohne weitere Ankündigung die Fahrzeuge portugiesischer Flagge abgefangen, ihre Mannschaften an Land gesetzt und die Schiffe mit ihrer Ladung zur Sequestration in französische Häfen überführt. Bis zum 4. Juni wurden so 16 Schiffe aufgebracht. Da die Lissabonner Regierung in der Hoffnung auf eine englische Intervention bei ihrem Widerstand beharrte, wurden die französischen Operationen unter Leitung des Konteradmirals Roussin mit verstärkten Kräften nachdrücklichst durchgeführt. Bis Anfang Juli waren 40 Schiffe aufgebracht. Und als ein letztes Ultimatum vom 8. Juli unbeachtet geblieben war, ließ Roussin am 11. Juli sein Geschwader unter heftiger Kanonade die Tejomündung forcieren und im Hafen von Lissabon Anker werfen.

Durch diese vielgerühmte Tat erzwang der Admiral die Konvention vom 14. Juli. Außer der Freilassung der „Kriegsgefangenen“ wurde darin bedungen, daß Frankreich die beschlagnahmten und weggeführten Kriegs- und Handelsschiffe gegen Erstattung der Kosten für Beschlagnahme und Bewachung zurückgebe. Den Verfügungsberechtigten wurde anheim gestellt, die sequestrierten Fahrzeuge in Brest abzuholen. Ein besonderes Abkommen vom 24. Juli verpflichtete die portugiesische Regierung, eine getreue Darstellung der gesamten Vorgänge seit dem 11. Juli zu veröffentlichen. — Darnach verließ Roussin den Hafen, indem er die portugiesischen Kriegsfahrzeuge, die am 11. Juli ohne Schuß die Flagge gestrichen hatten, als gute Beute mitführte.

Das letztere Vorgehen rief den lebhaften Protest Portugals und eine nochmalige Anrufung der englischen Intervention hervor. Aber da der mit Prüfung der Sache beauftragte britische Kronadvokat zu dem Schluß kam, daß die portugiesischen Kriegsschiffe als rechtmäßige Kriegsbeute zu betrachten seien, erfolgte auch nachträglich keinerlei Einmischung vonseiten Englands.

II. Daß Frankreich im Jahre 1834 zur Repression erlittener Unbill **blockadeartige Maßregeln vor dem kolumbischen Hafen Carthagena** geübt habe, wird aus einem vier Jahre später geschriebenen Brief des französischen Admirals Baudin entnommen[1]. Weiteres ist über den Vorgang nicht festgestellt, doch dürfte, da keine Notifikation bekannt ist, eine formelle Blockade jedenfalls nicht vorliegen.

III. Die mexikanische Blockade 1838[2].

Wenige Jahre nach der Züchtigung Portugals ergab sich eine Gelegenheit, die französischen Waffen auch in der neuen Welt zu Ehren zu bringen. Schon seit den zwanziger Jahren hatte die Republik Mexiko in mannigfacher Weise die Rechte und Interessen französischer Untertanen verletzt. Seit 1837 schwebten diplomatische Verhandlungen hierüber.

---

[1] Hogan 82/83. — Vielleicht liegt eine Verwechslung mit der englischen Maßregel von 1837 vor.

[2] Ausführlich bei Falcke 8 ff. (Zeitschr. 101 ff.); Barès 32 ff.; Ducrocq 111 ff.; Hogan 85 ff.; Lafargue 105 ff.; Söderquist 73 ff.; — unter den Friedensblockaden aufgeführt bei Barclay 478; Bluntschli 285; Bonfils-Grah 530; Bulmerincq, Bloc. pac. 572; Staatsstreitigk. 119; Burgh 121; Calvo IV, 188 (§ 2694), III, 138 (§ 1816), II, 613; Carnazza-Amari II, 623; Despagnet, Cours 531; Fauchille 39; Ferguson II, 240; Geffken, Heffter-Geffken 243; Neutralität 746; Hall 386; Hautefeuille II, 274; Holland 134; Kleen I, 646; Lawrence's Wheaton 845; Martens II, 473; Neumanm 96; Oppenheim II, 44; Perels, Seerecht 151; Pistoye et Duverdy I, 372; Pradier-Fodéré V, 747; Rivier, Principes II, 198; Rolin-Jaequemyns, Chronique, Rev. d. dr. int. XVIII, 619 Note 1; Taylor 444; Westlake II, 12; Pac. Bl. 17; Wharton III, 407; Woolsey 192.

Namentlich wurden drei Beschwerdepunkte hervorgehoben: Plünderung und Zerstörung französischen Eigentums, gewaltsame Erhebung von Zwangsanleihen bei französischen Untertanen, Rechtsverweigerungen und ungerechte Entscheidungen gegen Franzosen. Demgegenüber forderte Frankreich in erster Linie Entschädigungen in Höhe von 600 000 Piaster sowie die Absetzung einzelner Beamten und Offiziere, außerdem formelle Versprechungen dahin, daß künftig unter keinem Vorwand mehr bei französischen Staatsangehörigen Zwangsanleihen erhoben, den Franzosen die Stellung der meistbegünstigten Nation und volle Freiheit der gewerblichen Niederlassung eingeräumt werde.

Auch der französische Spezialbevollmächtigte Baron Deffaudis vermochte eine gütliche Verständigung nicht zu erzielen. Und nachdem sein Ultimatum vom 31. März 1838 nur mit dem Verlangen nach Zurückziehung aller französischen Streitkräfte aus den mexikanischen Gewässern erwidert worden war, erließ er am 15. April an den französischen Konsul in Veracruz eine förmliche Blockadenotifikation mit dem Auftrag, sie den dort residierenden fremden Konsuln zugehen zu lassen. Die Notifikation, die eine Sperrung aller mexikanischen Häfen und eine Effektuierung der Sperre des Hafens von Veracruz vom 16. April ab ankündigte, stellte für die Ausübung der Blockade folgende Grundsätze auf: 1. Erfordernis der ordnungsmäßigen Spezialnotifikation; 2. Beachtung einer vierzehntägigen Auslaufefrist für die Schiffe unbeteiligter Nationalität; 3. Freigabe der Häfen von Veracruz und Tampico für die englische militärische Korrespondenz und die englische Packetschiffahrt; 4. Freigabe aller Häfen für das mexikanische Fischereigewerbe. Eine Notifikationsanzeige wurde ferner dem Staatssekretär der Vereinigten Staaten durch den französischen Vertreter in Washington am 3. Mai zugestellt unter dem Hervorheben, daß, wie den amerikanischen, so auch den französischen Packetbooten der Zutritt zu den mexikanischen Häfen verwehrt bleibe. Außerdem übermittelte der auswärtige Minister Frankreichs, Graf Molé, unter dem 31. Mai den Mitgliedern des diplomatischen Korps in Paris die Generalnotifikation, wonach über sämtliche mexikanischen Häfen der Blockadezustand verhängt, die Blockade von Veracruz seit dem 16. April effektuiert und die Effektivität ohne Verzögerung auch auf die anderen Häfen ausgedehnt worden sei. In dem Schreiben an den englischen Vertreter wurde übrigens darauf hingewiesen, daß die Maßregeln in einer Weise getroffen seien, welche der neutralen Schiffahrt eine möglichst geringe Belästigung verursachen werde. Tatsächlich wurden aber die aufgegriffenen Schiffe dritter Nationen „konfisziert", die mexikanischen Fahrzeuge nur „sequestriert" [1]. Indessen war das kleine Geschwader des Kapitäns Bazoche kaum imstande, das von dem Fort San Juan d'Ulloa verteidigte Veracruz effektiv abzusperren. Weitere Schwierigkeiten bereiteten die Beschwerden von dritter Seite, eine Eingabe der Newyorker Handelskammer vom 5. September und am 11. September ein ausführlich begründeter Protest der deutschen Hansestädte. Die beiden Beschwerden waren ziemlich fruchtlos [2]. Dagegen erlangte England die Zusicherung, daß Frankreich in Mexiko keine dauernden Gebietserwerbungen anstrebe.

Erst das Eintreffen des Admirals Baudin mit neuen Streitkräften ermöglichte weitere Unternehmungen. Am 27. November erstürmte Baudin nach vorheriger Ansage unter beträchtlichen Opfern das Fort San Juan, und tags darauf räumten die Mexikaner gegen die Zusicherung vorläufiger Aufhebung der Blockade die ganze Stadt Veracruz. Demgegenüber erklärte jedoch ein Manifest des mexikanischen Präsidenten Bustamente, daß infolge der Vorgänge vom 27. November bereits der Kriegszustand eingetreten sei.

---

[1]) Falcke 17 (Zeitschr. 108); Ducrocq 114.

[2]) Beide Proteste richteten sich nicht nur gegen die mexikanische, sondern gleichzeitig gegen die später darzustellende argentinische Blockade, vgl. Falcke 13 Note 10 (Zeitschr. 105 ebenda).

Der von Mexiko am 30. November noch förmlich erklärte Krieg konnte indes bei der mangelhaften Ausrüstung der französischen Expedition und angesichts eines drohenden mexikanischen Bürgerkrieges beiderseits nicht nachdrücklich geführt werden. So kam es zu neuen Unterhandlungen und am 9. März 1839 zu einem Waffenstillstand, dem ein am 6. August zu Paris besiegelter Friede folgte — ein Friede, der Frankreich immerhin noch eine Geldentschädigung einbrachte, die den wirklich erlittenen Schaden um ein Erhebliches überstieg.

Bei den Friedensverhandlungen war auch die Beschlagnahme mexikanischer Schiffe zur Sprache gekommen; es waren während der friedlichen Blockade neben 46 Schiffen dritter Nationen auch 4 mexikanische Fahrzeuge, nach erfolgter Kriegserklärung noch einige weiteren mexikanischen Schiffe aufgebracht worden. Während nun Baudin verlangte, daß alle mexikanischen Prisen im Eigentum Frankreichs blieben, forderte Mexiko die Rückgabe wenigstens der vor der Kriegserklärung aufgebrachten vier Schiffe. Schließlich einigte man sich in einer besonderen Konvention vom 9. März 1838, dem Tag des Präliminarfriedens, dahin, daß die Frage einer dritten Macht unterbreitet werde. — Die Haltung des Admirals fand keineswegs die Billigung seiner Regierung, die ihre Bereitschaft zur Rückgabe der fraglichen vier Schiffe ausdrücklich erklärt hatte. Gleichwohl vermied sie es, ihren Bevollmächtigten gänzlich zu desavouieren, und die Sache wurde einem Schiedsspruch der englischen Krone anheimgestellt[1]. Nach mehr als fünf Jahren, am 1. August 1844, erließ die Königin Viktoria ihre Entscheidung in dem Sinne, daß Frankreich zur

---

[1]) Es ist mit Falcke 18 (Zeitschr. 109); Hogan 87 anzunehmen, daß Frankreich die beschlagnahmten Schiffe nicht mehr zurückgegeben hat. Zwar stellen Ducrocq 114 und Lafargue 110 die Behauptung auf, daß eine Rückgabe erfolgt sei; dem widerspricht aber schon der Text des ergangenen Schiedsspruches, vgl. Falcke 19 (Zeitschr. 109); Barès 35; Hogan 88 Note 2; Söderquist 76.

Herausgabe der Schiffe nicht verpflichtet sei, da seit der Abreise des französischen Bevollmächtigten aus Mexiko ein Kriegszustand stattgehabt habe[1].

IV. Die Blockade von Buenos Aires 1838—1840[2].

Gleichzeitig mit den Operationen an der mexikanischen Küste trat auch in Südamerika eine französische Streitmacht in Aktion, um im Laplatagebiet friedlichen Zwang zu üben.

Das argentinische Staatswesen, seit 1829 unter der Leitung des Diktators Rosas, bot den Ausländern einen wenig beneidenswerten Aufenthalt. Ganz besonderen Unwillen, namentlich bei den Franzosen, erregte ein im Anfang des Jahres 1838 erlassenes Gesetz, wonach auch Ausländer zum argentinischen Militärdienst herangezogen werden sollten, sofern sie nur auf argentinischem Boden eine Heirat geschlossen, einen Gewerbebetrieb begonnen, industrielle Betriebsmittel erworben oder länger als drei Jahre sich verweilt hätten. Weder die Reklamationen des französischen Konsuls noch das Erscheinen von vier französischen Kriegsfahrzeugen unter dem Konteradmiral Leblanc konnten hieran

---

[1]) In Abhandlungen über Schiedsgerichte findet sich die Notiz, daß durch den Rechtspruch der Königin die Ansprüche beider Teile zurückgewiesen worden seien (vgl. Darby 489; Fried 128); in Wirklichkeit erging die Sentenz zugunsten Frankreichs, da nur Mexiko wesentliche Ansprüche erhoben hatte.

[2]) Ausführlich bei Falcke 21ff. (Zeitschr. 112ff.); Calvo I, 280ff. (§ 182); Ducrocq 114ff.; Hogan 88ff.; Lafargue 111ff.; Söderquist 77ff.; als Friedensblockade aufgeführt bei Barclay 479; Bulmerincq, Staatsstreitigk. 119; Carnazza-Amari II, 623; Despagnet, Cours 531; Fauchille 40; Ferguson II, 240; Geffken, Heffter-Geffken 243; Neutralität 746; Hall 386; Holland 134; Kleen I, 646; Lentner, Recht im Kriege 72; Perels, Seerecht 151; Pistoye et Duverdy I, 376; Pradier-Fodéré V, 748; Rolin-Jaequemyns, Chronique, Rev. d. dr. int. XVIII, 619 Note 1; Taylor 444; Westlake II, 12; Pac. Bl. 18; Wharton III, 407.

Die Maßregel wird häufig konfundiert mit der unten zu besprechenden Aktion der Jahre 1845—1850, daher die Sage von der zehnjährigen Blockade des Laplata. Solche Vermengung begegnet bei Barès 35ff.; Bonfils-Grah 530; Bulmerincq, Bloc. pac. 572; Burgh 121; Calvo IV, 188ff. (§§ 2695, 2696); Geßner, Droit des neutres 235; Hautefeuille II, 274; Lawrence's Wheaton 845; Martens II, 473; Neumann 96; Nys, Guerre maritime 68; Rivier, Principes II, 198; Woolsey 192.

etwas ändern. So erließ Leblanc unter dem 28. März eine Erklärung, wonach der Hafen von Buenos-Aires sowie das ganze argentinische Laplataufer unter Blockade gestellt wurde. Der Notifikation an die fremden Konsuln wurde die Mitteilung beigefügt, daß für die einlaufenden Schiffe eine Spezialnotifikation statthaben werde; den Handelsschiffen wurde das Auslaufen bis zum 10. Mai, später sogar bis zum 15. Juni gestattet. Auch diesmal erfolgte eine Generalnotifikation an die diplomatischen Vertreter in Paris.

Die argentinische Regierung aber ließ sich nicht einschüchtern. Anderseits fand Leblanc, glücklicher als Baudin vor Veracruz, in dem uruguesischen Prätendenten Ribera einen Bundesgenossen und in dem Hafen Montevideo einen Stützpunkt. So wurde die Blockade durchgeführt trotz der im September gegen die mexikanische und argentinische Blockade erhobenen Proteste[1]. Auch die Vermittlungsversuche der Vereinigten Staaten scheiterten. Die Blockade, zu deren Verstärkung die Franzosen im Oktober 1838 nach vorausgegangenem Ultimatum auch die den Laplata beherrschende Insel Martin Garcia besetzt hatten, wurde durch den ganzen Winter 1838/39 mit größter Strenge durchgeführt; dazu wurden gelegentlich auch an andern Küstenpunkten Fahrzeuge aufgegriffen und verbrannt.

Nachdem die Regierung von Montevideo am 11. März 1839 an Rosas den offenen Krieg erklärt hätte, beteiligten sich die französischen Streitkräfte auch hieran, bis endlich im Herbst 1840 der Admiral de Mackau das Kommando übernahm, der es verstand, durch eine versöhnliche Haltung von Rosas einige Zugeständnisse zu erlangen. Am 29. Oktober 1840 erfolgte der Abschluß einer Konvention, in welcher sich Frankreich verpflichtete, innerhalb von acht Tagen nach erfolgter Ratifikation die Blockade aufzuheben, die besetzte Insel zu räumen und die während der Blockade weggenommenen zwei argentinischen Kriegsschiffe oder zwei

[1] Siehe oben III, S. 58 bei und in Note 2.

andere von gleichem Wert zur Verfügung zu stellen. Der Vertrag wurde von Rosas am 31. Oktober ratifiziert und damit zum endgiltigen Friedensschluß.

V. Eine **Zwangsmaßregel gegen den Hafen von San Salvador 1842** fand anläßlich der Pacifico-Affäre (oben § 8 V) im englischen Unterhaus Erwähnung[1]. Darnach habe ein französisches Kriegsschiff auf die Reklamation des zuständigen französischen Konsuls hin von dem genannten Hafenplatz durch Drohung mit einem Bombardement eine Entschädigung von 2000 Dollars erzwungen. Sofern der Bericht zutrifft, kann in diesem Falle von Repressalien, nicht aber von Blockade die Rede sein.

Zusammenfassung.

Die einzelnen Vorgänge der französischen Repressionspraxis zeigen, wie in ihrem tatsächlichen Verlauf, so auch in ihrem rechtlichen Bestand eine augenfällige Gleichförmigkeit.

1. Dies gilt zunächst von den materiellrechtlichen Grundlagen der verschiedenen Selbsthilfemaßregeln.

In allen drei Fällen hatte ein widerrechtliches Vorgehen gegen französische Untertanen stattgefunden; im portugiesischen und mexikanischen Streitfall insbesondere hatten offensichtlich ungerechte Entscheidungen gegen Franzosen, also Justizverweigerung im weiteren Sinne, im letztgenannten Falle überdies Justizverweigerung im engeren Sinne vorgelegen, — alles typische Voraussetzungen für die Übung völkerrechtlicher Selbsthilfe[2]. Ebenso steht der Versuch der argentischen Regierung, Staatsfremde zum Militärdienst heranzuziehen, im Widerspruch mit den völkerrechtlichen Anschauungen der neueren Zeit[3]. Es stellt sich somit das Vorgehen Frankreichs durchgehends dar als Selbsthilfe gegen erlittenes Unrecht, als Übung legitimer

---

[1] Hogan 91/92.
[2] Ullmann 1. Aufl. 303 (§ 136); Bonfils-Grah 525 (Nr. 979).
[3] Bonfils-Grah 236 (Nr. 445); Liszt 78.

Repressalien[1]. An dieser Tatsache kann auch der von Hautefeuille und andern nach ihm erhobene Vorwurf, Frankreich habe sich gegenüber Mexiko und Argentina nicht von humanitären, sondern lediglich von selbstsüchtigen Interessen leiten lassen[2], selbst unter der Voraussetzung seiner Berechtigung nichts ändern; er enthält nur ein Urteil über das politische Motiv der Selbsthilfeübung, kein Urteil über ihren Rechtsgrund[3].

Auch dem Umfang nach erscheinen die französischen Forderungen im wesentlichen als begründet. Bedenken wurden geltend gemacht gegen die Berechtigung der im mexikanischen Streitfall aufgestellten Forderungen, soweit sie die Einräumung der Rechte der meistbegünstigten Nation und absolute Handelsfreiheit betrafen[4]. Es mag zugegeben werden, daß diese beiden Forderungen, für sich allein genommen, einem souveränen Staat gegenüber des Rechtsgrundes entbehrten. Allein gerade auf dem Gebiet des Handelsverkehres bewegt sich die freie Selbstbestimmung des Staates nach moderner Auffassung „innerhalb gewisser Grenzen, welche durch die Konsequenzen der Tatsache des internationalen Verkehres und der Existenz einer Gemeinschaft von Staaten dem einzelnen Gliede der Gemeinschaft gezogen sind[5]“. Diese Grenzen sind oft unsicher. Insbesondere sind die fraglichen Vergünstigungen, die Erteilung der Meistbegünstigungsklausel und die Einräumung der Freiheit der Handelsniederlassung, in den Verträgen des 19. Jahrhunderts so sehr zur Regel geworden, daß ihre Versagung unter Umständen als ein unfreundliches Verhalten erscheinen kann, und daß eine förmliche Beanspruchung dieser Vergünstigungen immerhin nahe liegt.

---

[1] Ebenso Falcke 16ff.; 28; 48ff. (Zeitschr. 108; 117; 90).

[2] Hautefeuille II, 282; Geßner, Droit des neutres 239; Bulmerincq, Staatsstreitigk. 119.

[3] Hinsichtlich der mexikanischen Blockade Falcke 16 Note 20 (Zeitschr. 108 ebenda).

[4] Falcke 17 (Zeitschr. 108).

[5] Ullmann 420.

Jedenfalls ist die Aufstellung der genannten Forderungen in Verbindung mit andern, durchaus begründeten Ansprüchen nur als eine entschuldbare und nicht ungewöhnliche Pluspetition anzusehen.

2. Was die äußeren Formen der französischen Repressionsübung anlangt, so hat es sich im portugiesischen Streitfall um eine einfache Schiffsbeschlagnahme ohne besondere Ankündigung, also um ein Embargo im weiteren Sinne gehandelt[1]. Dagegen wurden in den beiden Fällen des Jahres 1838 regelrechte, unterschiedslos gegen die Schiffe aller Nationalitäten gerichtete Blockaden förmlich notifiziert und bis zu einem gewissen Grade auch effektuiert.

Die Notifikation ist in beiden Fällen als Lokal-, Spezial- und Generalnotifikation erfolgt, auch wurde jeweils den Schiffen unbeteiligter Nationen eine zureichende Auslaufefrist bewilligt. Noch weitergehende Vergünstigungen wurden bei der mexikanischen Blockade gewährt durch Freigabe der einheimischen Fischerei und der englischen Packetschiffahrt. Von diesen Zugeständnissen war das letztere wohl nur aus politischen, das erstere aber unzweifelhaft aus humanitären Motiven erwachsen.

Die Effektuierung blieb allerdings in beiden Fällen ihrem Umfang nach weit hinter den Erklärungen der Notifikation zurück. Doch handelt es sich hier nur um einen formalen Mangel, der durch die Anerkennung notwendiger Spezialnotifikation zum guten Teil geheilt wurde.

3. Was aber der französischen Repressionspolitik ein eigenartiges Gepräge verleiht und vielfach zu ihrer Verurteilung Anlaß gegeben hat, ist der Umstand, daß jeweils die ursprünglich nichtkriegerische Aktion in eine solche entschieden kriegerischen Charakters übergegangen ist, ein Übergang, mit dem sich naturgemäß eine Verschärfung der prisenrechtlichen Ansprüche Frankreichs verband.

---

[1] Falcke 49 kommt zu dem Schluß, daß eine Blockade nicht vorgelegen habe, bezeichnet aber Zeitschr. 91 den Fall als eine „nicht notifizierte Friedensblockade."

Diese Erscheinung hat zu verschiedentlichen Erörterungen Anlaß gegeben.

Nicht unbestritten ist zunächst die Frage, mit welchem Augenblick jeweils der Kriegszustand begonnen hat. Für ihre Beantwortung darf jedenfalls nicht die vielfach ungenaue und unjuristische Ausdrucksweise der militärischen und diplomatischen Organe ausschlaggebend ein, sondern in erster Reihe die Erwägung, inwieweit der allgemeine völkerrechtliche Charakter der tatsächlichen Vorgänge sich noch mit der ursprünglichen, auf Erhaltung des Friedens gerichteten Absicht der Streitteile vereinen läßt. Von diesem Standpunkt aus findet die Frage für die portugiesische und die argentinische Angelegenheit eine wohl unbestrittene Entscheidung; dort ist der Friedenszustand durch die mit einem heftigen Geschützkampf verbundene Forcierung der Tejomündung vom 11. Juli 1831 gebrochen worden, hier durch den offiziellen Kriegsbeginn zwischen dem Gegner und dem Verbündeten Frankreichs, also durch die Kriegserklärung der orientalischen Republik vom 11. März 1839[1]. Dagegen können Meinungsverschiedenheiten bestehen hinsichtlich des mexikanischen Streitfalles. Unrichtig ist jedenfalls die Auffassung, als sei durch das Schreiben des französischen Admirals vom 27. November 1838 der Krieg erklärt worden; denn selbst unter der zweifelhaften Voraussetzung, daß Baudin von seiner Regierung zur Kriegserklärung ermächtigt war, hätte eine solche der mexikanischen Regierung, nicht dem Stadtkommandanten von Veracruz gegenüber abgegeben werden müssen[2]. Unzutreffend ist aber auch die Auffassung, als habe der Krieg mit der Erklärung des mexikanischen Präsidenten vom 30. November 1838 begonnen[3]; dieser Erklärung kommt, auch im Sinne ihres

---

[1] Übereinstimmend Falcke 28 (Zeitschr. 117/118).

[2] Vgl. Falcke 15/16 Note 15/16 (Zeitschr. 107 ebenda); über die Legitimation zur Abgabe und Empfangnahme der Kriegserklärung Liszt 320 f.

[3] So Falcke 16 (Zeitschr. 107) und die daselbst Note 16 aufgeführten Autoren; siehe auch Ducrocq 113; Hogan 87.

Urhebers, keine konstitutive, sondern nur eine deklaratorische Bedeutung zu, und es ist daran festzuhalten, daß der Friedenszustand bereits am 27. November sein Ende genommen hat, — allerdings nicht sowohl mit der Erklärung des Admirals, als vielmehr mit dem zweifellos kriegerischen Akt des Kampfes um Stadt und Fort Veracruz[1].

Der Tatsache nun, daß die Aktionen Frankreichs durchweg zum Kriege führten, dürfte an sich wohl keine andere Bedeutung beigelegt werden, als daß eben in allen diesen Fällen, entgegen der ursprünglichen Annahme, der rein nichtkriegerische Zwang sich als unzureichend erwies. In rechtlicher Hinsicht aber hatte diese Tatsache die sehr bedeutsame Folge einer Verdunkelung der prisenrechtlichen Grundsätze Frankreichs.

Die französische Praxis ging von dem Prinzip aus, die Blockadebrecher unbeteiligter Nationalität zu konfiszieren, die gegnerischen Fahrzeuge, gleichviel ob Kriegs- oder Handelsschiffe, nur zu sequestrieren. Dieses Prinzip widerspricht insofern dem Rechtsempfinden, als seine Anwendung die Unbeteiligten härter trifft als den Gegner. Es wird erst verständlich bei Zugrundelegung der von der älteren französischen Diplomatie und Publizistik zum Ausdruck gebrachten Auffassung der nichtkriegerischen Selbsthilfe als eines halben Krieges[2]. Aus der Annahme, daß die Blockade zur Hälfte — gegenüber dem Gegner — eine nichtkriegerische, zur andern Hälfte — gegenüber den Unbeteiligten — eine kriegerische Maßregel darstelle, er-

---

[1] Damit fallen die von Falcke 17 (Zeitschr. 108) gegen die Zerstörung des Forts als „Inzident der Friedensblockade“ erhobenen Bedenken. Die im Text vertretene Anschauung scheint auch bei Barès 34 unterstellt zu sein.

[2] Vgl. die Worte des französischen Ministers Guizot in seiner zur Verteidigung der Blockadeübung gehaltenen Rede vom 8. Februar 1841: „Nous faisions un blocus, ce qui n'est pas la guerre complête, la guerre déclarée“, nach dem Vorgang des Urteils des französischen Staatsrats vom 25. März 1848 (siehe unten § 10, S. 70 N. 3) in den Abhandlungen über die Friedensblockade immer wieder zitiert (vgl. unten § 23, 14. Note), dazu die von Cauchy u. a. vertretene Auffassung der Blockade als eines lokalen und teilweisen Krieges (siehe unten § 18).

gibt sich dann allerdings jenes Prinzip als logische Konsequenz.

Dem Prinzip hat es entsprochen, wenn von einer Freigabe aufgebrachter Schiffe dritter Nationen nirgends die Rede war, und wenn anderseits die vor dem Tejo aufgegriffenen Handelsfahrzeuge ihren Eigentümern, die am Laplata genommenen Kriegsschiffe der argentinischen Regierung wieder zur Verfügung gestellt wurden. Die Konfiskation der im Hafen von Lissabon erbeuteten Kriegsschiffe erfolgte unter dem Gesichtspunkt des offenen Krieges. Eine Durchbrechung des Grundsatzes der Sequestration bedeutet dagegen die Zurückbehaltung der vor Kriegsbeginn aufgegriffenen mexikanischen Fahrzeuge; allein in diesem Falle war die französische Regierung, wie erwähnt, durch das eigenmächtige Vorgehen ihres Admirals vor einen fait accompli gestellt worden. Übrigens hat der englische Schiedsspruch von 1848 ihre Haltung insofern wenigstens formell gerechtfertigt, als er den — materiell freilich unrichtigen — Tatbestand unterstellte, daß die Wegnahme aller Schiffe im Kriegszustand stattgefunden habe. — Unentschuldbar bleibt allerdings die Verbrennung argentinischer Fahrzeuge vor Eintritt des Kriegszustandes.

Gleichwohl muß zugegeben werden, daß die französische Praxis im großen und ganzen an dem gedachten Grundsatz festgehalten hat und in der Durchführung eines wenn auch mangelhaften Rechtsprinzips ein sehr viel erfreulicheres Bild darbietet als die fast gänzlich prinzipienlose englische Praxis des gleichen Zeitraums.

§ 10.

Die englisch-französische Praxis.

Der Hauptperiode eigentümlich ist auch die Erscheinung, daß die beiden sie beherrschenden Richtungen der Praxis dadurch in gegenseitige Berührung kamen, daß die sie vertretenden Mächte, England und Frankreich, sich zu gemeinsamem nichtkriegerischem Vorgehen vereinigten. Das Ergebnis solcher Verbindung stark divergierender Auffassungen war naturgemäß ein Kompromiß.

I. Die Blockade der Häfen von Uruguay 1845—1850 und Argentina 1845—1848 [1].

1. Mit dem französisch-argentinischen Frieden vom Oktober 1840 war die Laplatafrage für die europäischen Mächte noch keineswegs erledigt. Mit Hilfe des Diktators Rosas hatte der uruguesische Prätendent Oribe der legitimen Regierung des Generals Ribera Buceo nebst andern Häfen entrissen und seit 1842 selbst Montevideo unter Blockade gestellt. Der hierdurch entstandenen Verwirrung am Laplata zu steuern, sahen sich England und Frankreich sowohl als Garanten der orientalischen Republik veranlaßt, wie auch auf Grund eines ausdrücklichen Hilfegesuchs der brasilianischen Regierung. Im Frühjahr 1845 einigten sich die beiden Mächte auf Entsendung von Kriegsschiffen. Ein zunächst unternommener Vermittelungsversuch der diplomatischen Bevollmächtigten Ouseley und Deffaudis scheiterte, und am 1. August 1845 erklärten die Befehlshaber der vereinigten Geschwader Buceo sowie die übrigen von Oribe besetzten Häfen unter Blockade; sie nahmen die vor Buceo liegende argentinische Flotte weg und bemächtigten sich mit Hilfe der Streitkräfte von Montevideo der uruguesischen Küstenstadt Colonia. Die beiden diplomatischen Bevollmächtigten ihrerseits erklärten am 18. September die Küste der argentinischen Provinz Buenos-Aires unter Blockade, und am 24. September wurde auch diese Blockade wenigstens

---

[1] Ausführlich bei Falcke 32 ff. (Zeitschr. 120 ff.); Calvo I, 283 ff. (§§ 183—190); Ducrocq 115 ff.; Hogan 98 ff.; Lafargue 119 ff.; Söderquist 80 ff.; unter den Friedensblockaden aufgezählt bei Barclay 480; Carnazza-Amari II, 623; Despagnet, Cours 531; Ferguson II, 240; Hall 386; Holland 134; Kleen I, 646; Oppenheim II, 44; Perels, Seerecht 151; Pradier-Fodéré V, 749; Rolin-Jaequemyns, Chronique, Rev. d. dr. int. XVIII, 619 Note 1; Taylor 444; Westlake II, 12; Pac. Bl. 18. Wegen der Vermengung dieser Maßregeln mit denen der Jahre 1838—1840 siehe oben § 9 IV, S. 60 Note 2.

vor der Hauptstadt effektuiert. Über besondere Bedingungen und die Auslaufefristen gab noch nachträglich eine Notifikation des Auswärtigen Amtes in London vom 26. Dezember 1845 nähere Bestimmungen. Wieder wurde im Anschluß an die Blockade, wie im Jahre 1838, die Insel Martin Garcia und außerdem eine Anzahl argentinischer Küstenplätze besetzt. Am 20. November endlich kam es im Parana bei dem Städtchen Obligado zu einem blutigen Gefecht.

Auch diese Blockade mit ihren kriegerischen Begleiterscheinungen rief eine ganze Reihe von Protesten hervor [1]. Da überdies die Maßregeln sich als äußerst kostspielig und dabei erfolglos erwiesen, beschlossen die Verbündeten, das allzu energische Vorgehen ihrer Bevollmächtigten wieder auszugleichen und den Streitfall gütlich beizulegen. Zunächst gelang es den englischen Unterhändlern Howden und Gore, ihre Regierung einseitig aus der mißlichen Koalition zu lösen. Am 15. Juli 1847 wurden die englischen Sperrmaßregeln aufgehoben und durch Sondervertrag vom 24. November 1849 alle genommenen Schiffe zurückgegeben. Weniger erfolgreich war der französische Unterhändler Walewski. Sein Nachfolger Baron Gros hob am 16. Juni 1848 wenigstens die französische Blockade von Buenos Aires auf. Erst durch Konvention vom 31. August 1850 aber verpflichtete sich Frankreich auch zur Aufhebung der Blockade von Uruguay, zur Räumung der Insel Martin Garcia und zur Rückgabe der genommenen Schiffe. Argentina verzichtete seinerseits auf weitere Intervention in Uruguay. Dieser Konvention trat am 11. September 1850 auch General Oribe bei, und damit hatte die fünfjährige [2] Expedition ihr Ende gefunden.

---

[1] Vgl. Falcke 37 Note 12 (Zeitschr. 125 ebenda); die Ausstellung bei Hogan 103 Note 2 ist nicht verständlich.

[2] Die von Hautefeuille II, 283 aufgebrachte und von vielen andern nach ihm wiedergegebene Sage von dem zehnjährigen „trojanischen Krieg“ vor der Laplatamündung sollte eigentlich durch die zuerst von Falcke gegebene genaue Darstellung endgültig abgetan sein, vgl. aber oben § 9, S. 60 Note 2.

2. Was den völkerrechtlichen Charakter der englisch-französischen Aktion anlangt, so besteht im Hinblick auf ihren Anlaß kein Zweifel darüber, daß es sich um eine Intervention gehandelt hat, die angesichts der trostlosen und für den Weltverkehr schädlichen Zustände am Laplata als vollauf gerechtfertigt erscheint[1]. Dagegen können Zweifel entstehen, ob die Intervention wirklich eine nicht-kriegerische geblieben ist. Die Wegnahme der argentinischen Flotille, das Zusammenwirken mit den uruguesischen Streitkräften, die Besetzung von Martin Garcia, die gewaltsame Einnahme von Städten, vor allem aber das verlustreiche Gefecht von Obligado[2] mögen den Eindruck erwecken, als sei ein wirklicher Kriegszustand eingetreten. Der Eindruck wird noch verstärkt durch die in den Verhandlungen gebrauchten Ausdrücke „Friedensbedingungen" und Einstellung der „Feindseligkeiten". Allein gegenüber der Tatsache, daß die Beteiligten trotz jener Vorfälle die Unterhandlungen in unveränderter Weise fortgesetzt haben, kann derartigen Ausdrücken auch hier kein großes Gewicht beigelegt werden. Für die Haltung Frankreichs insbesondere ist kennzeichnend der Fall des im letzten Jahre der französischen Blockade von Buenos Aires aufgebrachten Brasilianers „Graf Thomar". Das Prisengericht in Montevideo ließ das Schiff frei, weil es keine Spezialnotifikation erhalten hatte, konfiszierte aber einen Teil der Ladung als „Konterbande"; der französische Staatsrat als Berufungsgericht hob die letztere Verfügung der Prisenkommission wieder auf unter der Begründung, daß nur im Kriegszustand die Konterbande der Wegnahme unterliege, ein solcher aber bei der Laplatablockade nicht vorgelegen habe[3].

[1] Übereinstimmend Falcke 43 (Zeitschr. 130).

[2] Nach Falcke 36 (Zeitschr. 124) hatten die Verbündeten in diesem Gefecht 23 Tote und 95 Verwundete.

[3] Urteil des Conseil d'état vom 25. März 1848, Tatbestand und Tenor bei Pistoye et Duverdy I, 390 ff.; ausführlich auch bei Söderquist 82/83; bei Falcke 42 Note 21 (Zeitschr. 129 ebenda) aus der Gazette des Trib. 1848 zitiert als „Avis du Conseil d'État du 1. mars 1848."

Es hat sich demnach bei beiden verhängten Sperren um wirkliche Friedensblockaden gehandelt, die, soweit ersichtlich, nach einheitlichen Regeln durchgeführt wurden. Die Anschauung, als hätten bei diesen Vorgängen die beiden blockierenden Mächte jeweils die ihnen eigentümlichen und voneinander abweichenden Grundsätze zur Anwendung gebracht, ist als unrichtig zurückzuweisen[1]. Schon der Inhalt der Abschlußkonventionen zeigt, daß beide Mächte übereinstimmend sich mit der Sequestration der Prisen begnügten; es erscheint dies als ein Zugeständnis der englischen an die französische Praxis. Anderseits hat Frankreich, wie sich aus den an seine Bevollmächtigten gerichteten Instruktionen, die Unbeteiligten nach Möglichkeit zu schonen, ergeben dürfte, seinen Grundsatz der Konfiskation der Schiffe dritter Nationen fallen lassen und sich damit der Haltung der englischen Politik genähert, die in der zweiten Hälfte der Hauptperiode ihre Repressionen durchweg nur gegen gegnerische Schiffe richtete. Die englische Generalnotifikation vom 26. Dezember 1845 erwähnt die Gewährung einer Auslaufefrist und endlich zeigt der Fall des „Graf Thomar", daß auch hier wieder der Grundsatz der Spezialnotifikation durchgeführt worden ist.

Alle diese Umstände lassen die von den vereinigten Geschwadern geübte Blockadepraxis als eine für ihre Zeit verhältnismäßig milde erscheinen. Allerdings haben die Maßregeln einen im Verhältnis zu ihrem Kostenaufwand nur sehr geringen Erfolg gezeitigt; diese Tatsache ist aber wohl nicht der Beobachtung milderer Grundsätze, als vielmehr dem Mangel an Effektivität zuzuschreiben.

II. Die beabsichtigte mexikanische Blockade vom Jahre 1860.

Noch ist im Anschluß an die französisch-englische Blockadepraxis kurz hinzuweisen auf die Vorgeschichte der

---

[1] Falcke 41 (Zeitschr. 129).

in den 60er Jahren von England, Frankreich und Spanien gemeinsam unternommenen Intervention in die Angelegenheiten der Republik Mexiko, deren Verlauf auch im übrigen mancherlei Analoga zu der gemeinschaftlichen argentinischen Expedition aufweist. Im Verlauf dieser Vorgeschichte ist eine Friedensblockade zwar nicht ins Werk gesetzt, aber von seiten der spanischen Regierung in Aussicht genommen worden[1].

1. Seit Anfang der 50er Jahre hatte Spanien eine größere Anzahl von Beschwerden gegen die mexikanische Regierung geltend zu machen, die teils den Verlust spanischer Gelder, teils die Gefährdung spanischer Untertanen und die Wegnahme spanischer Schiffe zum Gegenstand hatten. Da eine Reparation auf gütlichem Wege nicht zu erreichen war, setzte die spanische Regierung, die sich doch scheute, auf eigene Faust in die mexikanischen Wirren einzugreifen, seit 1858 ihre Bemühungen darein, eine gemeinschaftliche Aktion mit England und Frankreich zustande zu bringen[2].

Noch bevor diese Bestrebungen einen greitbaren Erfolg gezeitigt hatten, trat in den spanisch-mexikanischen Beziehungen eine Krise ein. Der im Juni 1860 in Veracruz eingetroffene Spezialgesandte Pacheco konnte von der dort tagenden Gegenregierung der konstitutionellen mexikanischen Partei für die Wegnahme der spanischen Bark „Maria Concepcion" keine Genugtuung erlangen. Auf sein Betreiben erteilte die Madrider Regierung im Oktober und November 1860 dem Generalkapitän von Kuba, Serrano, die Weisung, Veracruz unter Blockade zu stellen und sodann diese Blockade auf so viele Häfen auszudehnen, als nach den vorhandenen Streitkräften möglich sei. Serrano aber, der den Sieg der konstitutionellen Partei und ihres Prätendenten Juarez voraussah, blieb untätig. Tatsächlich mußte die

---

[1] Der Fall ist nirgends ausführlicher behandelt und überhaupt nur bei Fauchille 40 kurz erwähnt; vgl. übrigens Falcke, Zeitschr. 165 Note 10 (Rede des französischen Ministers Ferry vom 26. November 1884). Vgl. Ann. d. D. M. X (1860), XI (1861) und XII (1862—63) passim.

[2] Ann. d. D. M. X, 627 ff.; XI, 273 ff.

konservative Partei unter General Miramon schon im Dezember 1860 den Konstitutionellen die Hauptstadt Mexiko überlassen. Pacheco aber wurde am 12. Januar 1861 durch ein Dekret des nunmehr allmächtigen Juarez zwar nicht als Gesandter, wohl aber als Privatmann (!) des Landes verwiesen; da Juarez zu gleicher Zeit in Madrid seine freundschaftlichen Gesinnungen beteuern ließ, führte selbst dieser Vorgang zu keiner gewaltsamen Aktion von seiten Spaniens [1].

Der Londoner Vertrag vom 31. Oktober 1861 [2] brachte endlich die lang angestrebte englisch-französisch-spanische Koalition. Da schon im Dezember 1861 die gemeinsamen Landoperationen aufgenommen wurden, kam jetzt eine Blockade nicht mehr in Frage. Zudem blieb die Intervention bald den Franzosen allein überlassen, nachdem England und Spanien auf Grund des Präliminarfriedens zu Soledad vom Februar 1862 mit Juarez sich versöhnt hatten [3]. Die weiteren Ereignisse, das negative Ergebnis der französischen Expedition und die Kaisertragödie von Queretaro, sind genugsam bekannt.

2. Die Betrachtung der im Verlauf der gedachten Vorgänge in Aussicht genommenen Blockade ist insofern nicht unfruchtbar, als sie zeigt, daß der Gedanke der Friedensblockade als eines völkerrechtlichen Selbsthilfemittels bis dahin lebendig geblieben war. Denn die Tatsache, daß die Instruktion der spanischen Regierung vom 8. Oktober 1860

[1] Ann. d. D. M. X, 638 ff.; XI, 276. Die betreffenden Aktenstücke in den Arch. dipl. 1862, III: „Instructions communiquées au général Serrano sur les affaires de Vera-Cruz" (237 ff.); „Réponse du Capitain général de Cuba à l'ordre royal lui commandant d'établir un blocus dans le port de Vera-Cruz" (240/241); „Réponse à l'order royal du 8 octobre 1860" (241 ff.)

[2] Convention entre la France, l'Espagne et l'Angleterre au sujet de Mexique, Text im Ann. d. D. M. XI, 803 (Appendix).

[3] Ann. d. D. M. XI, 277 ff.; XII, 318. Darstellungen der gemeinsamen Intervention von 1861—62 siehe bei Calvo I, 295 ff. (§§ 192—198); Phillimore I, 605 ff. Geffken, Intervention 153 bezeichnet die gemeinschaftliche Aktion des Jahres 1861 als eine berechtigte, die französische Aktion des Jahres 1862 als eine unberechtigte Intervention.

die ausdrückliche Weisung enthält, der Realisierung der Maßregel sowohl die erforderliche Ankündigung (due intimation) an die konstitutionelle Regierung als auch eine Anzeige an die fremden Konsuln vorauszuschicken, gibt den Beweis dafür, daß man sich die geplante Blockade nicht als eine Gewaltaktion verschwommenen Charakters, sondern als ein rechtlich geregeltes Vorgehen dachte; und in der Weisung der Order vom 8. November 1860, zunächst nur den Hafen von Veracruz und so viele Häfen unter Blockade zu stellen, als nach den vorhandenen Streitkräften möglich sei, muss sogar ein Fortschritt erblickt werden gegenüber den verschiedentlichen bombastischen Blockadeerklärungen der vorangegangenen Jahrzehnte, die ohne weiteres die Sperrung der ganzen gegnerischen Küste verfügt hatten.

Unter solchen Gesichtspunkten ist der hier in Rede stehende Fall an die gemilderte englisch-französische Praxis, wie sie in der Laplatafrage zutage trat, als fortbildendes Element anzuschließen.

§ 11.

Die Pseudofriedensblockade von Gaëta.

Noch erübrigt es, in Kürze eines Vorganges zu gedenken, der zeitlich in den Bereich der Hauptperiode fällt und in der Literatur verschiedentlich unter den Friedensblockaden aufgeführt wird, ohne diese Bezeichnung zu verdienen. Es ist dies die Blockade des neapolitanischen Hafens Gaëta durch die sardinische Flotte im Jahre 1860[1].

1. Schon ein rascher Blick auf die damaligen Ereignisse lehrt, daß hier keine friedliche, sondern eine rein kriegerische Blockade vorliegt.

---

[1] Ausführlicher bei Barès 38 ff.; Ducrocq 118 ff.; Falcke, Zeitschrift 142 ff.; Hogan 114 ff.; Lafargue 137 ff.; Söderquist 87 ff.. Als Friedensblockade aufgeführt bei Barclay 482; Bulmerincq, Bloc. pac. 571; Staatsstreitigk. 118; Despagnet 636; Fauchille 41; Geffken, Neutralität 746; Holland 137; Oppenheim II, 44; Perels, Seerecht 151; Pradier-Fodéré V, 749; Rivier, Principes II, 198; Taylor 444; Wagner 79; Wharton III, 407.

Nachdem Garibaldi im Mai 1860 auf Sizilien gelandet war und im Juni eine provisorische Regierung in Palermo eingerichtet hatte, griff die Erhebung rasch auch auf das Festland über. Bereits am 6. September mußte Franz II. von Neapel seine Hauptstadt verlassen, und am folgenden Tag hielt der Diktator seinen Einzug[1]. All das geschah unter den Augen der piemontesischen Regierung, die, von dem Vorhaben Garibaldis wohl unterrichtet, die Abfahrt der Expedition aus Genua stillschweigend ansah[2]. Ebenso ungehindert konnten die weiteren Nachschübe der Garibaldianer in Genua eingeschifft werden[3]. Und wenn auch die Turiner Regierung unter dem Druck Frankreichs den Unternehmungen gegen Rom noch keinen Vorschub leisten durfte, so machte sie doch aus ihrer Parteinahme gegen Neapel bald kein Hehl mehr[4]. Es wurden jedoch die diplomatischen Beziehungen zwischen Turin und Neapel, wenn sie auch schon seit dem Frühjahr sehr gespannt waren[5], erst im September, als sich Franz II. in das feste Gaëta geworfen hatte, endgültig abgebrochen[6]. Gleichzeitig begann eine offene Kooperation Piemonts mit der revolutionären Regierung von Neapel. Am 6. September vereinigte sich die sardinische Flotte vor Gaëta mit dem revolutionären Geschwader; der sardinische Vizeadmiral Persano übernahm das Kommando und scheute sich nicht, seine Flagge auf einer ehemals neapolitanischen Fregatte zu hissen[7]. Und am 7. und 9. September erließ Garibaldi Dekrete, die alle militärischen Kräfte und alle öffentliche Gewalt des Landes

---

[1] Ann. d. D. M. X, 150 ff.

[2] Näheres siehe a. a. O. 116 ff.

[3] a. a. O. 123.

[4] Ein sehr bezeichnendes Beispiel vom August 1860 siehe a. a. O. 125 ff.

[5] a. a. O. 115 ff.

[6] Daß entgegen der überlieferten Sage von der Aufrechterhaltung der Beziehungen bis zum Ende ein wirklicher Abbruch erfolgte, hat Falcke, Zeitschr. 145/146 ausgeführt; bei Ducrocq und Hogan findet wenigstens die Abreise des neapolitanischen Vertreters aus Turin Erwähnung.

[7] Vgl. die Note des neapolitanischen Ministers Casella v. 19. Oktober. — Arch. dipl. 1861, I, 70 f.

in die Hände des sardinischen Königs legten [1]. Am 9. Oktober endlich überschritt König Viktor Emmanuel an der Spitze der piemontesischen Truppen die Grenze und ergriff durch Proklamation vom gleichen Tage formell Besitz von den Gebieten beider Sizilien [2].

Schon vorher, unterm 6. Oktober, hatte die revolutionäre Regierung von Neapel an das diplomatische und konsularische Korps eine Mitteilung gerichtet, worin die Blockade der Häfen von Messina und Gaëta erklärt, die Aussendung von Kriegsfahrzeugen zur Effektuierung angezeigt und zugleich auch auf die Pariser Regeln von 1856 Bezug genommen wurde [3]. Diese Blockade wurde, was den Hafen von Gaëta anlangt, am 20. Januar 1861 durch den Admiral Persano nochmals notifiziert und bis zur Übergabe der Festung im Frühjahr tatsächlich durchgeführt. Dagegen ist die Blockade vor Messina, wo nur noch die Zitadelle von dem königlichen General Clary besetzt gehalten wurde, erst im März 1861 auf wenige Tage zur Effektuierung gelangt [4].

2. Eine Vergleichung der gegebenen Daten kann keinen Zweifel darüber bestehen lassen, welch ein Charakter den Blockaden von Gaëta und Messina zuzusprechen ist.

Es ist zunächst offensichtlich, daß das aufständische Sizilien wohl schon seit Einsetzung der provisorischen Regierung in der Hauptstadt Palmero, also seit Juni 1860, mindestens aber seit der völligen Eroberung der Insel, also seit August 1860, als kriegführende Partei anzusehen war. Demnach sind die von der Insurrektion aus-

---

[1] Vgl. Casella an die Vertreter des Königreiches im Ausland vom 16. September; — a. a. O. 61 f.

[2] Ann. d. D. M. X, 187/188; Text der Proklamation im Appendix 768 f.

[3] Vgl. Protest des Königs Franz II. gegen die Erklärung der Blockade von Gaëta vom 16. Oktober. — Arch. dipl. 1861, I, 69 f.

[4] Falcke, Zeitschr. 144; nach ihm war die Gaëtablockade vom 6. Oktober 1860 bis 20. Januar 1861 in keiner Weise effektiv geworden, übereinstimmend Hogan 115. — Text der Blockadenotifikation für Messina bei Söderquist 88.

gegangenen Operationen zu Wasser und zu Lande als Kriegsmaßregeln zu bezeichnen.

Ebenso offensichtlich ist aber auch, daß Piemont spätestens seit dem 6. September 1860 gegenüber dem Königreich beider Sizilien sich im Kriegszustand befunden hat. Schon die offene Unterstützung des Aufstandes im August hätte für die Regierung von Neapel, wäre sie weniger machtlos gewesen, unbedingt einen casus belli bilden müssen. Jedenfalls ist Piemont mit dem Zusammenschluß der sardinischen und revolutionären Seestreitkräfte in den Kriegszustand eingetreten, denn die aktive Teilnahme an kriegerischen Operationen ist nach allgemein anerkannter Norm selbst Krieg. Nur das Gefühl der Ohnmacht war es, das den König Franz II. in seiner Proklamation vom 6. September bei der Aufgabe seiner Hauptstadt zu der törichten Klage veranlasste: „Une guerre injuste et contre le droit des gens a envahi mes États, bien que je fusse en paix avec toutes les puissances européennes[1]".

Es kann somit die Blockade von Gaëta, mag sie als eine von der Insurrektion oder als eine von der sardinischen Streitmacht geübte Maßregel betrachtet werden, immer nur als Kriegsblockade in Frage kommen[2].

Drittes Kapitel.

Die kritische Periode.

§ 12.

Charakteristik der kritischen Periode.

In dem ehernen Rhythmus, mit dem der Gedanke des Krieges auf- und niedersteigend durch die Weltgeschichte

---

[1] Proclamation du roi François II, en quittant Naples. — Arch. dipl. 1861, 1, 58 ff.

[2] In diesem Sinne auch Barès 39; Bulmerincq, Staatsstreitig-

schreitet, zeigt das 19. Jahrhundert zwei tiefe Senkungen, — zwei Epochen des Friedens, die sich zugleich als Epochen der Anwendung nichtkriegerischen Zwanges darstellen.

Die erste dieser Epochen, für den Entwicklungsgang der Friedensblockade die „Hauptperiode“, endigte in den Wogen der großen Umwälzungen der fünfziger, sechziger und siebenziger Jahre. In diesen Jahrzehnten sind Entscheidungen gefallen, die eine nichtkriegerische Erledigung ihrer Natur nach nicht zuließen[1]: die vorläufige Lösung der orientalischen Frage in den Vertragsschlüssen von Paris und Berlin, die Einigung Italiens und die Aufrichtung des Deutschen Reiches, — der Sieg des Abolitionismus und die endgiltige Konstituierung der Republik in Mexiko. In der alten wie in der neuen Welt haben große kriegerische Ereignisse den Gedanken des friedlichen Zwanges in den Hintergrund treten lassen.

Aber wie im ersten Viertel des Jahrhunderts auf die Jahre des Krieges eine Zeitspanne der Kriegsscheu gefolgt ist, so hat sich in seinem letzten Viertel auf der Grundlage der neugeschaffenen Ordnung der Dinge eine Staatenpolitik ausgesprochen friedlichen Charakters aufgebaut. Und jetzt wurde die Idee des nichtkriegerischen Zwanges von neuem aufgegriffen.

Doch unter veränderten Umständen.

Hatten die Kriegsstürme des Ersten Napoleon die Rechtsbegriffe im Völkerverkehr verwirrt und vernichtet, so haben die Kriege aus der Aera des Dritten Napoleon umgekehrt die Ausbildung des internationalen Rechtes gefördert; und steckte die Theorie vom nichtkriegerischen Zwang ehedem noch in den Kinderschuhen, so hatte die Völkerrechts-

---

keiten 118; Falcke, Zeitschr. 144; Hogan 116/117; Westlake, Pac. Bl. 20; vgl. auch Söderquist 89. — Etwas unklar Rivier, Principes II, 198: „ce blocus devint blocus de guerre.“ Ähnlich Holland 137; Oppenheim II, 44.

[1] Daß es derartige Staatenkonflikte in erheblicher Anzahl gibt und immer wieder geben wird, muß trotz allem, was Nippold §§ 9 u. 10 (168 ff.; 201 ff.; insbes. 179 ff.) dagegen anführt, weiterhin behauptet werden.

literatur jetzt auch auf diesem Gebiet beachtenswerte Fortschritte aufzuweisen. Insbesondere hatte gerade das Blockaderecht — wenn auch nur im Hinblick auf die kriegerische Blockade — durch die Pariser Seerechtsdeklaration von 1856 eine feste, allgemein verbindliche Regelung erhalten. So kam es, daß die nunmehr einsetzende, neuere Praxis der nichtkriegerischen Selbsthilfe einerseits mit weit größerem Vorbedacht geübt, anderseits mit weit schärferem Auge beurteilt wurde. Die neue Epoche stellt sich der unkritischen Hauptperiode gegenüber als eine Epoche eingehender kritischer Würdigung der tatsächlichen Vorgänge, und damit rechtfertigt es sich, wenn wir diese zweite Epoche in der Geschichte der Friedensblockade bezeichnen als die kritische Periode.

Ein äußerliches Charakteristikum der kritischen Periode bietet sich in der überraschenden Fülle und Mannigfaltigkeit der als „Friedensblockaden" bezeichneten Vorgänge. Eine nähere Betrachtung nötigt dazu, von vornherein eine Scheidung zu treffen zwischen jenen Zwangsmitteln, die als wirkliche Friedensblockaden oder wenigstens als friedensblockadeähnliche Maßregeln zu bezeichnen sind, und denjenigen, welchen diese Bezeichnung nicht zukommt.

I. Die Vorgänge, die nur zu Unrecht mit den Friedensblockaden aufgeführt werden, lassen sich unter fünf Begriffsbestimmungen zusammenfassen.

1. Die Flottendemonstration bezweckt die Einschüchterung des Gegners durch Aufstellung einer imponierenden Seestreitmacht. Sie enthält sich jedes tatsächlichen Eingriffs in die Machtsphäre des andern; ihre Wirkung beschränkt sich auf den moralischen Zwang. So haben im November 1880 die europäischen Mächte durch Demonstration vor dem albanesischen Hafen Dulcigno[1]

[1] Der Vorgang wird unter den Friedensblockaden aufgeführt von Barclay 482; Bonfils-Grah 530; Fauchille 42; Holland 138; Pradier-Fodéré V, 749 Note 2; Rivier, Principes II, 198; Taylor 445; Wharton III, 408; ausführlicher Ducrocq 126 ff.; insbesondere aber Falcke, Zeitschr. 152 ff.

die Türkei zur Erfüllung des Berliner Vertrags gezwungen[1]. Sogar die bloße Drohung mit einer Flottendemonstration hat schon zum Erfolg geführt[2].

Insofern die Flottendemonstration eine Drohung mit Gewalt in sich schließt, muß sie bei der Besprechung der völkerrechtlichen Selbsthilfe eine Stätte finden. Insofern aber die Maßregel mit der in ihr enthaltenen Drohung nicht notwendig auf eine Blockade, sondern ebensogut auf irgend ein anderes Zwangsmittel abzielt, kommt ihr eine Beziehung zur Friedensblockade im besondern nicht zu.

2. Die Polizeisperre bezweckt die Unterdrückung eines den solidarischen Interessen der Kulturnationen zuwiderlaufenden Handelsverkehres durch Blockierung einer Küstenstrecke. Die Maßregel trägt in keiner Weise den Charakter einer Feindseligkeit gegen den Souverän des blockierten Landes; dieser muß vielmehr, wenn anders er der Völkergemeinschaft angehört, damit einverstanden sein, daß die Maßregel in seinem Namen verhängt und durchgeführt wird.

Eine häufig genannte Sperre dieser Art ist die Blockade der festländischen Küste des Sultanats Sansibar im Dezember 1888[3]. Diese Maßregel wurde unter Verständigung der europäischen Mächte mit Zustimmung und im Namen des Sultans von Sansibar von der

---

[1] Daß für den Notfall eine wirkliche Blockade vorgesehen gewesen sei, berichten Fauchille, Holland und Pradier-Fodéré a. a. O.; nach Falcke waren die Geschwaderchefs wenigstens zu einer solchen Maßregel legitimiert.

[2] So (nach Zeitungsnotizen) im italienisch-türkischen Konflikt vom April 1908.

[3] Weißbuch 1889, Teil IV, 51 ff.; Rolin-Jaequemyns, L'année 1888 etc. in der Rev. d. dr. int. XXI, 199 ff. — Unter den Friedensblockaden ausführlicher besprochen bei Barès 45; Ducrocq 151 ff.; Hogan 130 ff.; Kleen I, 646 ff.; Söderquist 95 ff.; aufgeführt bei Barclay 484; Bonfils-Grah 530; Despagnet, Cours 532; Holland 139; Perels, Seerecht 151; Rivier, Lehrbuch 376; Principes II, 198; Rontiris 231; Wagner 79; Westlake, Pac. Bl. 20 scheidet den Fall ausdrücklich aus. — Die Maßregel wird von Rolin-Jaequemyns a. a. O. 207 bezeichnet als „mesure de haute police internationale". Die Bezeichnung wird adoptiert von Hogan 135. A. M. Lentner, Schwarzer Kodex 16 f.

deutschen und der englischen Regierung angeordnet als Mittel zur Bekämpfung des ostafrikanischen Sklavenhandels. Die durch eine deutsch-englische Deklaration vom 2. Dezember[1] und eine italienische Deklaration vom 5. Dezember[2] verhängte und ordnungsgemäß notifizierte Sperre wurde als ein Mittel zur Verteidigung solidarischer Interessen durch anschließende Sperrmaßregeln der portugiesischen Regierung ergänzt[3] und verstärkt durch entsprechende Erlasse im Kongostaat, in Österreich und in den Niederlanden[4]; auch Frankreich wurde „im Namen der Gesittung" um Unterstützung angegangen[5].

Nicht ganz mit Recht wird der Sperre von Sansibar an die Seite gestellt die „Blockade", die Portugal vom 12. Juni bis 25. Juli 1888 über Quissembo an der portugiesisch-westafrikanischen Küste verhängte[6]. Denn wenn auch Portugal mit dieser Sperrung eigener Küste einer internationalen Verpflichtung gegenüber dem Sklavenhandel nachgekommen ist, so stellt sich der Vorgang doch nur dar als ein Akt innerstaatlicher, nicht völkerrechtlicher Polizei.

3. Die Insurrektionsblockade, die von der legitimen Staatsgewalt gegen einen aufständischen Teil ihres Staatsgebietes geübt wird, ist eine richtige Kriegsblockade. Sobald eine Staatsgewalt nicht mehr die Macht hat, durch einfache innerstaatliche Verfügung einen Hafen tatsächlich zu schließen, kann sie auch von den Schiffen unbeteiligter Nationen die Respektierung solcher Verfügungen nicht mehr verlangen. Und greift sie zu dem völkerrechtlichen Zwangsmittel der Blockade, so zeigt sie damit, daß ihre Beziehungen zu dem aufständischen Gebiet nicht mehr lediglich innerstaatliche, sondern zugleich

---

[1] Weißbuch Nr. 43/44 (S. 69 ff.).
[2] Ebenda Nr. 39, 53, 58 (S. 62, 80, 83).
[3] Ebenda Nr. 35/36, 51/52 (S. 58 ff., 78 ff.).
[4] Ebenda Nr. 40–42, 54, 57, 59 (S. 63 ff., 81, 83, 84).
[5] Ebenda Nr. 37/38, 55/56 (S. 61, 81).
[6] Kleen I, 646.

völkerrechtliche sind; sie hat mit Anwendung dieses Zwangsmittels an sich schon zugegeben, daß der aufständische Teil ein völkerrechtliches Subjekt, also kriegführende Partei, der zur Unterwerfung der Rebellen geführte Kampf ein regelrechter Krieg ist[1].

So war die Lage der nordamerikanischen Regierung im Sezessionskrieg; der Sperrung der südstaatlichen Häfen durch bloße Verfügung der Unionsregierung haben die Neutralen die Anerkennung versagt, nach Verhängung der effektiven Blockaden vom 19. und 27. April 1861 aber die Südstaaten als kriegführende Partei anerkannt[2]. In gleicher Lage fanden sich die Zentralregierungen von Kolumbia 1885, Chile 1891, Haiti 1888 und 1902[3], endlich von Venezuela 1902[4]. — Hierher zählt auch die von der Türkei in den Jahren 1866 bis 1868 zur Unterdrückung des Griechenaufstandes auf Kreta über diese Insel[5], sowie die von Rußland im kirkassischen Aufstand 1836 über die Küste des Schwarzen Meeres verhängte Sperre[6].

4. Verwandt mit der Insurrektionsblockade ist die Protektoratsblockade, die im Kampf zwischen dem Suzerän und seinem Schutzstaat geübt wird. Ein solcher Kampf, wie ihn etwa Frankreich im Jahre 1895 gegen Madagaskar geführt hat[7], ist ein wirklicher Krieg, die darin

---

[1] So schon ausdrücklich Lawrence's Wheaton Note 241 (847 ff.).

[2] Ann. d. D. M. XI (1861) 622 ff. — Die Blockadedeklaration in den Arch. dipl. 1861, II, 365/366. — Unrichtig werden Vorgänge, wie die Blockade der sezessionistischen Häfen von Holland 138/139 als Friedensblockade bezeichnet, ebenso unrichtig aber von anderen (Ducrocq 69 Note 1; Geffken, France en Chine 146; Völkerr. Fragen 155; Oppenheim II, 43; Ullmann 458 Note 4) als völkerrechtlich irrelevante Akte staatsrechtlicher Gebietshoheit.

[3] Rev. gén. X (1903) Chronique 307 ff., insbesondere 323—326. — Journ. d. dr. int. privé XV (1888) Faits et informations 884.

[4] Die von der venezuolanischen Zentralregierung gegen die von Rebellen besetzten Häfen am 28. Juni und 19. Juli 1902 verhängten Blockaden haben Anlaß gegeben zur Aufstellung einer eigentümlichen Theorie über die Effektivität, vgl. Rougier, Une nouvelle théorie etc., insbes. 616—619.

[5] Holland 139.

[6] Holland 138; Westlake II, 12 Note 1.

[7] Rev. gén. II (1895) Chronique (France et Madagascar) 140 ff. und 249 ff.; III (1896) desgl. 55 ff.

geübten Sperrmaßregeln müssen demnach, sofern sie überhaupt ihrer Form nach eigentliche Blockaden sind, als Kriegsblockaden betrachtet werden.

Wenn behauptet wird, daß zwischen zweien durch das Band des Protektorats verbundenen Staaten ein internationaler Krieg nicht möglich sei[1], so ist nicht abzusehen, weshalb der in sich selbständig organisierte Schutzstaat im Kampf mit seinem Suzerän nicht weit eher als kriegführende Partei anzuerkennen ist, als etwa eine bisher ganz unselbständige Provinz. Die Anerkennung eines Rebellionskampfes als eines völkerrechtlichen Krieges, des aufständischen Teiles als kriegführender Partei beruht auf dem Ausbau einer gewissen Organisation der Erhebung; die Anerkennung ist von dem Moment an gerechtfertigt und angezeigt, in welchem die Insurrektion eine derartig gefestigte Organisation erlangt hat, daß sie für die Beobachtung der völkerrechtlichen Kampfregeln dieselben Garantieen bietet wie ein Staat der Völkerrechtsgemeinschaft. Eine solche Organisation ist bei einem (nach schlechter Übung) sog. „halbsouveränen" Staat regelmäßig von vornherein gegeben. Es mag in Frage gezogen werden, ob die Natur des Protektoratsverhältnisses nicht vielleicht die Möglichkeit nichtkriegerischen Zwanges ausschließt und nur zwischen gütlich-friedlicher oder durchaus kriegerischer Auseinandersetzung die Wahl läßt, — die Möglichkeit eines Krieges zwischen den beiden Gliedern des Verhältnisses steht außer Zweifel.

Da der französisch-madagassische Konflikt des Jahres 1895 zweifellos kriegerischen Charakter trägt, kann eine Friedensblockade dabei überhaupt nicht stattgehabt haben[2];

---

[1] Rev. gén. II, 156; III, 58; auch Féraud-Girard 296. — Dagegen zutreffend Despagnet, Protectorats 336 ff., 372 ff.; richtig auch Bornhak 47. — Über das Protektoratsverhältnis überhaupt vgl. Despagnet a. a. O. 41 ff., der den Schutzstaat als halbsouverän neben den Vasallenstaat stellt; anderseits Jellinek, Staatenverbindungen 126, der den Schutzstaat als souverän dem garantierten und neutralisierten Staate koordiniert.

[2] Rev. gén. II, 255/256 wird ausgeführt, daß der Konflikt, „le

es erübrigt sich somit die Frage, ob die in Rede stehenden Sperrmaßregeln eigentliche Blockaden oder nur administrative Einfuhrverbote gewesen sind[1]. — Ähnlich verhält es sich mit den Sperrmaßregeln der holländischen Regierung anläßlich des Konfliktes, den sie in den Jahren 1904 bis 1906 mit dem Radscha von Badung auf der hinterindischen Insel Bali auszufechten hatte[2].

5. Die kriegseröffnende Blockade, die zwar ohne vorgängige Kriegserklärung, jedoch nur zur Einleitung eines als unvermeidlich vorhergesehenen Krieges geübt wird, ist in ihrer ganzen Dauer wahre Kriegsblockade. Denn wo der Eintritt des Kriegszustandes bestimmt vorausgesehen und gleichwohl Gewalt angewendet wird, kann von einer auf Erhaltung des Friedens gerichteten Absicht nicht die Rede sein.

Hierher gehören die im Januar und Februar 1879 geübten Maßregeln an der bolivianischen Küste, durch die Chile den am 5. April an Bolivia und Peru erklärten (Salpeter-) Krieg vorbereitete, — sofern überhaupt von einer Blockade gesprochen werden kann[3].

II. Als Friedensblockaden und friedensblockadeartige Maßregeln bleiben im zeitlichen Rahmen der kritischen Periode zu erörtern:

1. Die Maßregeln aus Anlaß der nichtkriegerischen Einmischungen der Großmächte in die Angelegenheiten der

---

différend franco-malgache," nur Aufstand und kein Krieg sei, daß daher eventuelle Blockaden „ne sauraient être que des blocus pacifiques"; vgl. auch Rev. gén. III, 64.

[1] Vgl. Rev. gén. III, 63/64. Auch der Frage, inwieweit den vielfach aufgezwungenen französischen Schutzverhältnissen der Charakter eigentlicher Protektorate abgesprochen werden muß (vgl. Geffken, France en Chine 151), kann hier nicht nähergetreten werden.

[2] Zeitungsnotiz.

[3] Ausführlichere und gegenseitig sich ergänzende Darstellungen geben neuerdings Falcke, Zeitschr. 151 ff.; Hogan 120 ff.; Söderquist 91 ff.; unter den Friedensblockaden aufgezählt wird der Vorgang bei Barclay 482; Bulmerincq, Bloc. pac. 573, Staatsstreitigk. 119; Fauchille 42; Holland 135; Perels, Seerecht 151; Taylor 445; Wharton III, 408.

Balkanhalbinsel seit Ausgang des russisch-türkischen Krieges von 1878;

2. die von Frankreich im Kampf um die Gründung seines hinterindischen Kolonialreiches unter der Bezeichnung von Friedensblockaden geübten Maßregeln;

3. die von mehreren europäischen Mächten im Jahre 1902 gegen Venezuela geübte Blockade.

§ 13.

Die Kollektivmaßregeln der neueren Levantepolitik.

Die griechisch-türkischen Gewässer — die Wiege der Friedensblockade — sind später wiederum der Schauplatz nichtkriegerischer Selbsthilfe gewesen. Die Vereinigung der europäischen Großmächte, die einst die Verhältnisse am Balkan erstmals regelte, ist verschiedentlich zu Neuregelungen zusammengetreten, und nach den kriegerischen Vorgängen der fünfziger und siebziger Jahre hat das „Europäische Konzert", die Gesamtheit der am Berliner Vertrag von 1878 beteiligten Großmächte, auch wieder eine nichtkriegerische Behandlung der „orientalischen Frage" in Angriff genommen. Sein Vorgehen hat in den achtziger und neunziger Jahren mehrfach zu blockadeartigen Maßregeln geführt, die, äußerlich in Form und Anlaß von einander verschieden, in der Hauptsache auf wesentlich gleicher Grundlage ruhten. Denn alle diese nichtkriegerischen Vorgänge entspringen dem Bemühen der Großmächte, nach Möglichkeit die bestehende Ordnung auf der Balkanhalbinsel aufrecht zu erhalten und ein verderbliches Aufflammen der heiklen Frage nach der Zukunft des osmanischen Reiches zu verhüten.

Daraus erhellt, daß die in Rede stehenden Vorgänge durchweg als *Interventionsmaßregeln* zu bezeichnen sind und daß für sie alle *ein- und derselbe Interventionsgrund* maßgebend gewesen ist: das Interesse an der Vermeidung eines großen und weitgreifenden europäischen Krieges. Die Solidarität dieses Interesses war auch bestimmend dafür, daß die Einzelvorgänge sich alle kleideten in die Form der Kollektivintervention. Dieser allgemeinen Feststellung gegenüber verlieren die näheren Umstände, die jeweils zum Einschreiten der Mächte geführt haben, ihre Bedeutung; es genügt, auf die Besonderheiten der Einzelfälle hinzuweisen.

I. Im Zusammenhang mit der Demonstration von Dulcigno (oben § 12, I, 1) findet das Projekt einer **Blockade von Smyrna** Erwähnung. In Wirklichkeit wurde englischerseits zwar die Besetzung dieses Platzes, nicht aber seine Absperrung in Vorschlag gebracht[1].

II. Die Blockade der griechischen Küsten 1886.

Im Jahre 1886 wieder vereinigten sich die Großmächte mit Ausnahme von Frankreich, um das gegen die Türkei mobilisierte Griechenland zur Abrüstung zu zwingen; am 8. Mai 1886 wurde über die ganze Ostküste Griechenlands sowie über den Golf von Korinth eine Blockade verhängt und unter Aufbietung ansehnlicher Streitkräfte auch effektuiert. Von der Sperre betroffen wurden allein die Fahrzeuge griechischer Flagge, denen für den Fall der Zuwiderhandlung Detention angedroht war. Trotz dieser beschränkten Wirksamkeit erwies sich die Blockade als erfolgreich; Griechenland gab nach, und am 7. Juni 1886 wurde die Blockade wieder aufgehoben[2].

Die Maßregel ist in der Literatur viel besprochen und

---

[1] Details bei Falcke, Zeitschr. 156; der Vorgang wird unter den Friedensblockaden aufgeführt bei Bonfils-Grah 530; Geffken, Heffter-Geffken 243; Völkerrechtl. Fragen 155; Holland 137.

[2] Die Blockade wird ausführlich dargestellt bei Barès 40 ff.; Ducrocq 145 ff.; Hogan 126 ff.; Lafargue 204 ff.; Rolin-Jaequemyns, Chronique, Rev. d. dr. int. XVIII, 591 ff.; Söderquist 94 ff.; aufgeführt bei Barclay 483; Bonfils-Grah 530; Despagnet, Cours 531; Gareis 219; Geffken, Neutralität 747; Hall 386; Heilborn, Völkerrecht 1053; Holland 138; Kleen I, 645; Lawrence 298; Liszt 314; Nys, Droit int. III [1], 92; Oppenheim II, 44; Perels, Seerecht 151; Pradier-Fodéré V, 749; Rivier, Lehrbuch 376; Principes II, 198; Rontiris 231, 236 ff.; Taylor 445; Ullmann 458; Wagner 79; Westlake II, 14; Pac. Bl. 20.

mitunter als Muster moderner Zwangsübung hingestellt worden[1]. Sie verdient gleichwohl nicht solch weitgehendes Interesse. Wenn auch der Vorgang ohne Zweifel eine Friedensblockade darstellt[2], so kann er doch aus dem Grunde zu Erörterungen wenig Anlaß bieten, weil der Zulässigkeit der Friedensblockade in ihrer Beschränkung auf die Schiffe des Angegriffenen ein berechtigtes Bedenken überhaupt nicht entgegensteht. Denn so gut die Beschlagnahme gegnerischer Schiffe im Einzelakt allgemein als erlaubte Repressalie betrachtet wird, so gut muß auch die Beschlagnahme durch ein in Blockadekette aufgestelltes Geschwader als zulässig anerkannt werden.

III. Der österreichische Vorschlag einer Blockade von Kreta 1896.

Wieder eine Gefahr für den Frieden der Balkanhalbinsel wurde heraufbeschworen durch den Aufstand der christlichen Bevölkerung auf der Insel Kreta in den Jahren 1895 und 1896[3]. Auch dieser Anlaß führte zu einem Eingriff der Mächte, indes beschränkte sich die Intervention auf eine unter Mithilfe der christlichen Konsuln durchgeführte Mediation zwischen den türkischen Behörden und den Aufständischen.

Nur eine einzige Macht, Österreich-Ungarn, trat für eine energische Aktion ein und brachte durch seinen Botschafter in London am 27. Juli 1896 eine durch die Pforte zu verhängende Blockade der kretischen Häfen in Vorschlag[4]. Das Projekt scheiterte rasch am Widerspruch Englands. Welchen Charakter die Maßregel bei ihrer Verwirklichung angenommen hätte, ist zweifelhaft. Wollte man

---

[1] Vgl. unten § 23, III; bitteren Tadel findet die Maßregel bei Rontiris 231/232.

[2] Gegen die Behauptung, daß sich in dem Vorgang der Begriff der Blockade nicht erfülle, vgl. oben § 2, II, 1 und unten § 24, 15. Note.

[3] Vgl. Streit, La question Crétoise, Rev. gén. IV (1897) 61 ff., 446 ff.; VII (1900) 5 ff., 301 ff.

[4] Vgl. Streit a. a. O. IV, 464 ff. Der Blockadevorschlag wird erwähnt bei Ducrocq 161 Note 1; Holland 146 Note 1; Lafargue 222 ff.

annehmen, daß die Proklamation und Effektuierung der Blockade seitens der Pforte zufolge freien Willensentschlusses erfolgt wäre, und daß anderseits die Unterdrückung der kretischen Unruhen einen Gegenstand solidarischen Interesses der Kulturwelt bildete, so könnte die geplante Maßregel als eine Polizeisperre in dem oben (§ 12, I, 2) besprochenen Sinne bezeichnet werden. Indessen dürften beide Voraussetzungen nicht zutreffen. An der Unterdrückung des kretischen Aufstandes hatte nicht die Kulturwelt als solche, sondern lediglich der Kreis der an der Levantepolitik aktiv beteiligten Nationen ein begründetes Interesse. Auch ist nicht zu verkennen, daß die Teilnahme der Türkei an der gegen osmanische Behörden gerichteten Maßregel nur eine moralisch erzwungene hätte sein können, und daß sich die Blockade in Wirklichkeit dargestellt hätte als eine gegen den Willen der Pforte durchgeführte Maßregel der Mächte.

Eine nach Maßgabe des österreichischen Vorschlages geübte Sperre hätte nach allem bezeichnet werden müssen als eine im Rahmen der Intervention von den Mächten des europäischen Konzertes gegen die Türkei geübte, aber auf Unterbindung des Waffen- und Munitionsverkehres beschränkte Friedensblockade.

IV. Die Blockade der Insel Kreta 1897.

Die kretische Frage komplizierte sich, als im Februar 1897 griechische Truppen unter dem Obersten Vassos auf der Insel gelandet waren[1]. Während Griechenland die Vorstellungen der sechs europäischen Großmächte ausweichend beantwortete und die diplomatische Verständigung innerhalb des europäischen Konzertes fortgesetzt große Schwierigkeiten bot, einigten sich die Admirale der im Orient stationierten Geschwader mit Einstimmigkeit auf den Vorschlag einer Blockade kretischer und griechischer

[1] Vgl. Streit, Rev. gén. IV, 476—483; VII, 5—52.

Häfen. Der Vorschlag wurde auf Frankreichs und Englands Anregung in der Beschränkung angenommen, daß vorerst nur eine Blockade der Insel Kreta[1] ins Werk gesetzt werde.

Am 17. März 1897 teilten die Admirale dem Obersten Vassos mit, daß die gesamte Küste der Insel unter dem Schutz der Mächte stehe; am folgenden Tage machten sie den Botschaftern in Konstantinopel und den Vertretern der Mächte in Athen die Anzeige, daß mit dem 9./21. März morgens 8 Uhr die Blockade der Insel ihren Anfang nehme. Von der Blockade sollten die Fahrzeuge griechischer Flagge allgemein, die der Großmächte und dritter Nationen insoweit betroffen werden, als ihre Ladung für die griechischen Truppen oder das Innere der Insel bestimmt seien; den griechischen Kriegsfahrzeugen sollte das weitere Verweilen in den kretischen Gewässern untersagt sein. Entsprechend dem Antrag der Admirale wurde die Blockade der türkischen, der griechischen und den unbeteiligten Regierungen notifiziert und ihr Beginn in den offiziellen Blättern bekannt gegeben. In Wirklichkeit war man schon einige Wochen vorher in der schärfsten Form gegen die griechischen Fahrzeuge vorgegangen; man hatte die Schiffe, die den Aufständischen Zufuhr leisteten, für Piraten erklärt, mehrere Dampfer und Segler waren weggenommen, ein Segelschiff in den Grund gebohrt worden. Nach dem offiziellen Blockadebeginn wurde die kretische Küste zum Zweck der Überwachung in Zonen eingeteilt, die den einzelnen Mächten (mit Ausnahme von Deutschland) zur effektiven Absperrung zugewiesen wurden. Auch der im April 1897 zum Ausbruch gekommene griechisch-

---

[1] Vgl. Streit, Rev. gén. VII, 301—322. Die Blockade wird ausführlicher behandelt bei Barès 45 ff.; Ducrocq 159 ff.; Hogan 142 ff.; Holland 140, 146 ff.; Lafargue 210 ff.; Lawrence 670 ff.; Söderquist 98 ff.; aufgeführt bei Barclay 484; Bonfils-Grah 530; Despagnet, Cours 532; Gareis 219; Heilborn, Völkerrecht 1053; Kleen I, 646; Lawrence 298; Liszt 313; Oppenheim II, 44/47; Perels, Seerecht 151; Taylor 445; Ullmann 458; ausdrücklich aus der Reihe der Friedensblockaden ausgeschieden von Westlake, Pac. Bl. 20.

türkische Krieg änderte nichts an der Haltung der Blockadegeschwader. Erst als die griechische Regierung sich zur Zurückziehung ihrer Truppen bereit erklärt und den Obersten Vassos abberufen hatte, wurde die Blockade im Mai 1897 tatsächlich, im Dezember 1898 formell wieder aufgehoben. Bis Mai 1897 hatte man die Zwangsmaßregeln in der schärfsten Form weitergeführt. Man hatte selbst den für die friedliche Bevölkerung bestimmten Proviant konfisziert und an Orten, wo Mangel herrschte, verteilt; man hatte endlich die Insurgenten als Feinde behandelt und ihre Positionen beschossen.

Unter welchem Rechtstitel all dies vor sich ging, darüber sind sich wohl die beteiligten Mächte selbst am wenigsten klar gewesen [1]. Gegenüber dem Projekt von 1896 findet sich eine Komplikation darin, daß man neben den Aufständischen und den türkischen Behörden zugleich reguläre griechische Streitkräfte traf. Darnach ist die Maßregel zu bezeichnen als eine im Rahmen der Intervention von den Großmächten gegen die Türkei und gegen Griechenland geübte Friedensblockade.

Als humanitäres Element ist bei dieser Blockade hervorzuheben die Beschränkung ihrer Wirkungen auf die Fahrzeuge griechischer Nationalität und auf die für die Griechen und die Aufständischen bestimmten Zufuhren. Doch gibt die Maßregel zu mehrfachen Bedenken Anlaß. Die Blockade hat nicht nur schon lange vor ihrer Notifikation tatsächlich begonnen, sondern ist auch in Formen geübt worden, die über das Maß des zu ihrer Aufrechterhaltung nötigen Zwanges hinausgingen. Die Notwendigkeit verlangte wohl weder die Beschießung der aufständischen Positionen, noch die Konfiskation des für die friedliche Bevölkerung be-

---

[1] Vgl. Streit, Rev. gén. VII, 322—327. Nach Holland 140 wurde die Maßregel „as suppression“ geübt; Ullmann 458 und Streit a. a. O. 324 bezeichnen sie als Fall der Intervention. Westlake, Pac. Bl. 20 koordiniert sie der Sansibarsperre von 1888. Die Maßregel ist von griechischer Seite bitter getadelt worden, vgl. Rontiris 226.

stimmten Proviantes. Endlich bestehen erhebliche Zweifel daran, ob die Blockade wahre Effektivität erreicht hat.

V. Die geplante Blockade der griechischen Häfen 1897.

Die von den Admiralen vorgeschlagene Blockade griechischer Häfen ist dadurch hinfällig geworden, daß die griechische Regierung am 6./18. April 1897 der Türkei den offenen Krieg erklärte. Auch dieser Blockade hätte nach den getroffenen Maßnahmen ein rechtlicher Tadel nicht wohl erspart bleiben können, nachdem die Admirale einerseits bereits die Unterlassung der Spezialnotifikationen gegenüber griechischen Schiffen vorgesehen hatten, anderseits kaum imstande gewesen wären, die Maßregel zur Effektivität zu bringen [1].

Zusammenfassung.

Die im Verlaufe der orientalischen Interventionen geübten und geplanten Blockaden enthalten einen rechtlichen Fortschritt darin, daß sie die Biegsamkeit des Blockadebegriffes im Hinblick auf den Kreis der betroffenen Fahrzeuge und Handelsgegenstände deutlich aufzeigen und angemessen ausnützen. Auch ist nicht zu bestreiten, daß die Erhaltung des status quo im Orient als ein wesentliches Moment des europäischen Friedens ein berechtigtes Interesse der Großmächte an den Angelegenheiten der Levante begründete, und daß das kollektive Vorgehen der Mächte als eine legitime Intervention anzusehen ist. Doch muß anderseits darauf hingewiesen werden, daß die Zwangsübung im Rahmen dieser Intervention für die Erkenntnis der Friedensblockade als solcher von nur beschränktem Werte sein kann, insofern die kollektive Aktion der Mächte mitunter Umrisse angenommen hat, welche die Grenzen der Repressalienformen überschreiten und auf den nichtkriegerischen Gewaltakt (vgl. oben § 3, II, 2) hindeuten.

---

[1] Dies Blockadeprojekt findet in den Aufzählungen der Friedensblockaden nur bei Bonfils-Grah 531 Erwähnung. Vgl. Streit, Rev. gén. VII, 347—356.

Eine Blockade aber, die im Gewaltakt Anwendung findet, unterscheidet sich ihrer Form nach in nichts von einer wirklichen Kriegsblockade.

Die eigentümliche Stellung des europäischen Konzerts in der Balkanfrage ist mehrfach beachtet worden. So bemerkt Holland[1] ganz zutreffend: „To discuss the Eastern Question, while ignoring the paramount position which the European Concert has made for itself in the Ottoman Empire is sheer waste time.“ Dagegen geht dieser Autor zu weit, wenn er den Mächten der Pforte gegenüber eine Art von „condominium with the titular Sovereign“ zuschreibt und die Türkei als „a semisovereign State under the tutelage of Europa“ bezeichnet. Das gleiche gilt von Rolin-Jaequemyns[2], wenn er ausführt, es gebe für die Angelegenheiten der Balkanhalbinsel „un arbitre qui se trouve tout naturellement désigné par les traités et par une tradition presque séculaire; cet arbitre, c'est ce qu'on nomme le concert européen, c'est-à-dire le jugement collectif des six grandes puissances“. In Wirklichkeit bildet auch das europäische Konzert nur eine Interessenvertretung, nicht einen völkerrechtlichen Areopag.

§ 14.

Die Blockaden der französischen Kolonialpolitik.

Hatte in der Balkanfrage das Prinzip der nichtkriegerischen Kollektivintervention eine Fortbildung erfahren, so war zu gleicher Zeit auch der Gedanke der nichtkriegerischen Einzelselbsthilfe wieder zur Geltung gekommen. Die dritte französische Republik ist bei ihrem zielbewußten und tatkräftigen Streben nach Kolonialbesitz wiederholt in die Lage gekommen, gegen exotische Staaten die Waffen erheben zu müssen. Mehr als einmal wurden dabei blockadeartige Maßregeln geübt, doch hat es sich meist nicht um

[1] Holland 148. Vgl. auch Hogan 148.
[2] Chronique, Rev. d. dr. int. XVIII, 613.

friedliche Sperren gehandelt. So wird unter den Friedensblockaden nur zu Unrecht eine Blockade von Madagaskar aufgezählt[1]; in Wirklichkeit waren die französisch-madagassischen Konflikte, sowohl die Expedition von 1884, die zur Begründung des Protektoratsverhältnisses[2], als auch die Expedition von 1895, die zur Annektierung der Insel geführt hat[3], eigentliche Kriege. Im Hinblick auf die Friedensblockade bleiben zur Erörterung nur stehen die Maßregeln des chinesischen Konfliktes von 1884 und des siamesischen Streitfalles von 1893.

I. Die Blockade von Formosa 1884.

Viel Aufsehen erregte die sogenannte Friedensblockade, die Frankreich im Verlauf der Tongkingaffäre im Jahre 1884 gegen China übte[4].

1. Schon seit den siebziger Jahren hatte Frankreich den annamitischen Vasallenstaat Tongking der Interessensphäre seines hinterindischen Kolonialreiches angegliedert[5]. Im Winter 1882/1883 besetzten die Franzosen Huë, die Hauptstadt von Annam, und begannen, als die mit China als dem Suzerän von Annam-Tongking geführten Verhandlungen sich zerschlagen hatten, im Frühjahr 1884 mit der

---

[1] Vgl. für den französisch-madagassischen Konflikt von 1884 Geffken, Heffter-Geffken 244; Neutralität 746; Völkerrechtl. Fragen 155 ff.; für den Konflikt von 1895 Fauchille als Chronist in der Rev. gén. III, 63.

[2] Vgl. Schulthess, Geschichtskalender XXIV (1883) 297 ff.; XXV (1884) 239 ff.; Geffken, Völkerrechtl. Fragen 156 f.

[3] Vgl. oben § 12, I, 4.

[4] Vgl. Schulthess, Gesch.-Kal. XXIII (1882) 398; XXIV (1883) 296 ff.; XXV (1884) 237 ff.; Schulthess-Delbrück, Gesch.-Kal. I (1885) 284 ff. Die Blockade wird ausführlicher dargestellt bei Barès 39 ff.; Ducrocq 129 ff.; Falcke, Zeitschr. 158 ff.; Hogan 122 ff.; Lafargue 142 ff.; Söderquist 92 ff.; aufgeführt bei Barclay 483; Bonfils-Grah 530; Bulmerincq, Staatsstreitigk. 119; Despagnet, Cours 531; Geffken, Heffter-Geffken 244; Neutralität 746; Hall 386; Holland 135; Kleen I, 646 u. 653; Lawrence 297: Liszt 313; Martens II, 473; Nys, Droit int. III [1], 92; Oppenheim II, 44; Perels, Seerecht 151; Pradier-Fodéré V, 749; Rivier, Lehrbuch 376; Rolin-Jaequemins, Chronique, Rev. d. dr int. XVIII, 619 Note 1; Taylor 445; Ullmann 458; Westlake II, 14; Pac. Bl. 20.

[5] Schulthess, Gesch.-Kal. XXIII (1882) 398.

gewaltsamen Vertreibung der chinesischen Besatzungstruppen aus Tongking[1]. Zwar vereinbarte der französische Kapitän Fournier am 11. Mai 1884 mit dem Unterhändler Lihungtschang einen Vertrag, wonach China seine Truppen aus Tongking zurückziehen sollte[2]; das Abkommen wurde aber von China nicht ratifiziert und die übereilig vordringende französische Streitmacht erlitt durch einen unvermuteten Angriff der Chinesen beim Vorrücken auf die Stadt Langson eine empfindliche Niederlage[3].

In Frankreich war man über die vermeintliche Treulosigkeit tief empört. Ein Ultimatum vom 12. Juli forderte eine förmliche Kriegsentschädigung, und nachdem die Franzosen bereits den Hafen Kelong auf Formosa besetzt hatten, zerstörte Admiral Courbet in der Zeit vom 23. bis 28. August das Arsenal und die Festungswerke von Futschau nebst einer dort ankernden chinesischen Flottenabteilung[4]. Daraufhin konzentrierte sich die französische Streitmacht in den formosanischen Gewässern; aber die aus der Besetzung von Kelong erhofften Vorteile erwiesen sich als illusorisch. So ging Courbet weiter und erklärte am 20. Oktober 1884 sämtliche Häfen von Formosa mit Wirkung vom 23. Oktober in Blockadezustand, ohne freilich imstande zu sein, diese Maßregel zu effektuieren. Ein im Dezember unternommener Vermittlungsversuch Englands scheiterte an der Weigerung Chinas, eine Entschädigung zu bezahlen. Frankreich, das nun die Durchfechtung der Frage als Ehrensache betrachtete, griff mit neuen Verstärkungen auch den Kampf zu Lande wieder auf und nahm bereits im Winter 1884/1885 die vollen Rechte einer kriegführenden Macht — das Recht der Durchsuchung und der

---

1 Schulthess, Gesch.-Kal. XXIV (1883) 297 ff.; XXV (1884) 238 ff.

2 Übersetzung des Vertragstextes bei Schulthess XXV, 259 f. Näheres auch Falcke, Zeitschr. 158/159.

3 Schulthess XXV, 257 ff.; Geffken, Völkerrechtl. Fragen 152; neuerdings insbesondere Falcke, Zeitschr. 160/161.

4 Schulthess XXV, 268 ff.

Beschlagnahme von Kriegskonterbande — für sich in Anspruch [1].

2. Da Frankreich hiermit das Gebiet der nichtkriegerischen Selbsthilfe augenscheinlich verlassen hatte, können die Vorgänge des Jahres 1885 als Friedensblockaden zweifellos nicht mehr in Frage kommen. Aber auch die Maßregeln des Jahres 1884 weisen bei näherem Zusehen einen durchaus kriegerischen Charakter auf.

Aus der Tatsache, daß die Repressalien nur einzelne Handlungen feindseliger Natur sind, folgt der Satz, daß sie einseitige Akte des gewaltübenden Staates bleiben müssen [2]; denn mit einer Erwiderung der Unrechtszufügung würde der Angegriffene einen neuen Repressalienanlaß geben und damit eine fortlaufende Kette von Feindseligkeiten einleiten. Nun hat aber China nicht allein die Feindseligkeiten mit bewaffneter Hand erwidert, sondern auch ausdrücklich sich auf den Standpunkt gestellt, daß es mit Frankreich im Krieg liege. Schon am 26. November 1883 hatte der chinesische Botschafter Tseng der französischen Regierung eine Note mitgeteilt, inhaltlich deren China gewillt war, jeden Angriff auf seine Garnisonen als Kriegsfall zu betrachten; gleichwohl gingen die Franzosen im Dezember gleichen Jahres unter blutigen Kämpfen gegen die Stadt Sontay vor [3]. Daß China damit bereits den Frieden als gebrochen ansah, ergibt sich aus seinem Verhalten gegenüber dem Vertragsentwurf von Tientsin. Noch deutlicher wurde die Sprache der chinesischen Diplomatie, als die englische Regierung im Herbst 1884 die „Foreign Enlistment Akt" in Kraft gesetzt hatte. Am 21. November schrieb der Botschafter Tseng an den englischen Minister des Auswärtigen, er fasse diese Publikation dahin auf, daß fernerhin weder französischen noch chinesischen Schiffen gestattet

---

[1] Schulthess XXV, 277 ff.; Schulthess-Delbrück I, 285; Falcke, Zeitschr. 172; Söderquist 93/94.

[2] Zutreffend bezeichnet Geffken a. a. O. 157 die beiden Momente der Vereinzelung und Einseitigkeit als die Kennzeichen echter Repressalien.

[3] Schulthess XXIV, 325.

sei, in irgendeinem britischen Hafen sich auszurüsten, Kohlen einzunehmen oder sonst sich seetüchtig zu machen. Er hatte somit die Publikation als förmliche Neutralitätserklärung entgegengenommen [1].

Zum Charakter der Repressalien gehört ferner, daß die Fortdauer des Friedenszustandes von der Staatengemeinschaft als der Vertreterin objektiver Rechtsanschauung anerkannt wird. Solche Anerkennung hat im Tongkingstreit nicht stattgefunden, vielmehr weist das Verhalten der unbeteiligten Staaten ausdrücklich auf das Gegenteil hin. Daß England das Vorgehen Frankreichs als Krieg betrachtete, zeigt der im Oktober und November 1884 zwischen dem Staatssekretär Granville und dem französischen Botschafter in London gepflogene Notenaustausch [2]; in dem Bemühen, der französischen Auffassung von der nichtkriegerischen Natur des Konfliktes entgegenzukommen, verwickelt sich Granville in ständige Widersprüche, die sich allein lösen bei Annahme des stillschweigenden Zugeständnisses, daß wirklich Krieg bestehe. Auf die Anfrage des Botschafters Tseng vom 21. November sah sich die englische Regierung veranlaßt, nicht nur in zustimmendem Sinne zu antworten, sondern auch die sämtlichen Kolonialbehörden mit strengster Weisung zu neutralitätsgemäßem Verhalten zu versehen. Eine gleiche Auffassung der Sachlage bekundete die deutsche Regierung, da sie einem in Stettin für China erbauten Kriegsschiff die Ausreise versagte. Dieser Akt kann deshalb nicht lediglich mit dem Hinweis auf die bloße Möglichkeit eines Kriegsausbruches als freundschaftliche Handlung gegen Frankreich betrachtet werden, weil er im Friedenszustand eine schwere Verletzung gegenüber China bedeutet hätte [3]; er rechtfertigt sich vielmehr allein aus der Annahme

---

[1] Geffken, a. a. O. 163; Hogan 125. Vgl. auch die chinesische Note vom 19. Juli bei Falcke, Zeitschr. 168/169.

[2] Eine ausführliche Darstellung und treffende Kritik des Notenwechsels gibt Geffken a. a. O. 160 ff.; neuerdings Falcke, Zeitschr. 169 ff.

[3] Dies scheint Geffken a. a. O. 159/160 zu übersehen.

eines Kriegszustandes und als Erfüllung einer Neutralitätspflicht.

Endlich ist die Tatsache des bestehenden Kriegszustandes auch in Frankreich selbst anerkannt worden. Nachdem sich schon die französische Presse darüber aufgehalten hatte, daß von dritter Seite an China Waffen geliefert würden — eine Klage, die nur unter der Voraussetzung des Kriegszustandes überhaupt einen Sinn hatte[1] —, hat zu Ausgang des Jahres 1884 auch die französische Regierung die Rechte eines Kriegführenden ausdrücklich für sich in Anspruch genommen, obwohl sich an der Natur der tatsächlichen Vorgänge nicht das Mindeste geändert hatte. Damit war mit rückwirkender Bedeutung der Kriegszustand anerkannt[2].

Bei dieser Haltung der beteiligten und unbeteiligten Mächte erübrigt sich ein Eingehen auf die sehr strittige Frage, ob Akte der vor Futschau geübten Art überhaupt noch als Repressalienhandlungen zugelassen werden können[3]. Der Konflikt ist bereits mit dem Vorstoß der französischen Streitmacht in Tongking im Dezember 1883 zu einem Kriege geworden, die im Jahre 1884 verhängte Blockade war in ihrer ganzen Dauer Kriegsblockade.

Damit erschöpft sich das Interesse dieser Darstellung an der Formosablockade und es braucht auf die zahlreichen und vielbesprochenen Fragen, die sich an den Konflikt angeknüpft haben, nicht weiter eingegangen zu werden. Nur darauf sei noch hingewiesen, daß Frankreich gerade die Forderung der Kriegsentschädigung, um welche der Krieg entbrannt war, in dem endgültigen Frieden von Tientsin vom 5. Juni 1885 fallen ließ[4].

[1] Geffken a. a. O. 158. Vgl. übrigens auch die Auslassungen von Courbet nnd Ferry bei Hogan 124.

[2] Geffken a. a. O. 163; Ducrocq 134; — a. M. Barès 40.

[3] In verneinendem Sinne Geffken a. a. O. 157.

[4] Von den zeitgenössischen Streitschriften vgl. insbesondere Bulmerincq, Blocus pacifique 579 ff. und die Bemerkungen des Übersetzers Beauchet ebenda 583/584; Geffken a. a. O.; ders., France en Chine.

II. Die Blockade von Siam 1893.

Ein sehr bemerkenswerter Fall einer von Frankreich in Friedenszeiten geübten Blockade spielt in der Zeit des französisch-siamesischen Konfliktes vom Jahre 1893. Der Blockade tun die Wenigsten Erwähnung[1]; und doch ist gerade dieser Fall für die Beurteilung der neueren französischen Praxis von ausschlaggebender Bedeutung.

1. Das Königreich Siam hatte den Tongkingkonflikt geschickt ausgenutzt, um seit 1882 in den strittigen Gebieten zwischen dem oberen Mekong und der annamitischen Grenze mit Waffengewalt seine Oberherrschaft zur Anerkennung zu bringen. Dies führte dazu, daß am 14. März 1893 der französische Gesandte Pavie kategorisch die Räumung des linken Mekongufers verlangte. Siams höfliche Antwort blieb unbeachtet; dagegen begann der Vormarsch französisch-annamitischer Streitkräfte, und die siamesischen Okkupationstruppen gingen fast ohne Widerstand zurück.

Im Juli aber trat eine Wendung ein. Auf Grund einer irrigen Information hatte die französische Regierung dem vor Saigon liegenden Admiral Humann Order erteilt, Kriegsfahrzeuge nach Bangkok zu dirigieren. Die nach Aufdeckung des Irrtums ergangene Gegenorder hatte den Admiral nicht mehr erreicht. So erschienen am 13. Juli zwei französische Kriegsschiffe mit einem Piloten vor Paknam an der Menammündung. Nun war Frankreich nach dem

---

Über den kriegerischen Charakter der Formosablockade herrscht in er neuesten Spezialliteratur kein Streit mehr, vgl. Falcke, Zeitschr. 174; Hogan 126.

[1] Ausführlichere Darstellungen bei Ducrocq 153 ff.; Hogan 137 ff.; Lafargue 154 ff.; Anführung bei Despagnet 531; Holland 135; Kleen I, 647; Oppenheim II, 44; Ullmann 458; Westlake, Pac. Bl. 20; wie Söderquist 98 zu der Auffassung kommt, es habe nur „la simple menace d'un blocus“ stattgehabt, ist unerfindlich.

Vgl. zur Geschichte des Konfliktes Mérignhac; Paisant; Schulthess-Delbrück, Gesch.-Kal. IX (1893) 237 u. 315 ff.; Wippermann, Gesch.-Kal. 1893 I, 315 u. II, 221; ferner unter dem Artikel „Siam“ in der 9./10. Auflage der „Encyclopaedia Britannica“: Coutts Trotter, History und Boundaries (Vol. XXI, 850 u. 854 ff.); Campbell, History (Vol. XXXII, 612).

Handelsvertrag vom 15. August 1856 berechtigt, Kriegsschiffe in die Flußmündung einlaufen und vor Paknam ankern zu lassen, jedoch an ein vorgängiges Einverständnis der siamesischen Behörden gebunden, falls es Kriegsfahrzeuge flußaufwärts bis Bangkok senden wollte[1]. Die Flotille, die von dem Gegenbefehl keine Kenntnis hatte, lief im Vertrauen auf die erste Order ohne weitere Förmlichkeiten in den Fluß ein, wurde aber von den Forts von Paknam mit Geschütz- und Gewehrfeuer empfangen. Der unvermutete Angriff brachte den Piloten zum Scheitern und richtete auch auf den Kriegsschiffen Schaden an. Die letzteren erwiderten das Feuer, forcierten den Durchweg, dampften den Fluß hinauf und warfen vor dem königlichen Palast in Bangkok Anker.

Diese in Frankreich gefeierte Waffentat hatte den Konflikt akut gemacht, jedoch nicht beendigt. Das von dem französischen Gesandten Pavie am 20. Juli der siamesischen Regierung zugestellte Ultimatum wurde durchaus korrekt beantwortet; Siam erklärte sich zur Erfüllung der ursprünglichen Forderungen wie auch zur Genugtuung für das Vorkommnis vom 13. Juli bereit, nahm aber die von Frankreich in Anspruch genommene Mekonggrenze nur für den Unterlauf des Flusses an[2]. Daraufhin verließ Pavie mit den französischen Schiffen am 26. Juli die Hauptstadt, und am 29. Juli[3] erklärte Humann die siamesische Küste zwischen Chulaï und Lemkrabang, d. h. den siamesischen Golf innerhalb des 13. Parallelkreises unter Blockade.

Da dem Admiral ein Geschwader von neun modernen

---

[1] Wortlaut des fraglichen Artikels 15 genannten Vertrages bei Paisant 254 Note 1. Nach Hogan 139 hätte Siam die Sperrung der Flußmündung durchzuführen versucht als berechtigte Repressalie gegen die Besetzung siamesischer Plätze durch die Franzosen.

[2] Wortlaut bei Mérignhac 205 ff.; Übersetzung bei Wippermann II, 221.

[3] Unrichtig Campbell 612: „the French blockaded the Me Nam from 25th July . . .“ Die provisorische Blockadeerklärung des Kapitäns Reculoux vom 26. Juli wurde auch von den Franzosen nicht für ausreichend erachtet und deshalb durch die Erklärung des Admirals vom 29. Juli ersetzt (Hogan 139).

Kriegsfahrzeugen zu Gebote stand, ist die Blockade zweifellos auch effektiv geworden. Es wurde aber den Schiffen unbeteiligter Nationen eine Gnadenfrist von drei Tagen zugestanden; den europäischen Postdampfern wurde erlaubt, die nach Bangkok bestimmten Sendungen an das Geschwaderkommando abzuliefern, von wo sie durch den französischen Vertreter weiter befördert werden sollten. Trotz dieser Milderungen zeigte sich die Maßregel, die vornehmlich den englischen Handel traf, als unmittelbar wirksam. Denn — sei es, daß die Erregung der Bevölkerung in Bangkok, sei es, daß englischer Einfluß mitspielte, — schon am 29. Juli zeigte die siamesische Regierung durch ihren Vertreter in Paris an, daß sie die Forderungen Frankreichs ohne jeden Vorbehalt annehme. Und als Develle angesichts der veränderten Sachlage noch weitere Garantien forderte, wurden auch diese am 1. August angenommen. Am 5. August wurde das Abkommen in Bangkok ratifiziert und spätestens damit die Blockade wieder aufgehoben [1].

Dem Abkommen vom 5. August entsprach der endgültige Vertrag, den Le Myre de Vilers am 3. Oktober 1893 mit der siamesischen Regierung abschloß [2]; der Vertrag mit einer angeschlossenen Konvention brachte für Frankreich die Mekonggrenze und Genugtuung für die gerügten Vorfälle, für Siam eine Beschränkung der Ausübung seiner Hoheitsrechte in den Grenzdistrikten.

2. Was den Charakter der französischen Zwangsmaßregeln angeht, so sind sie ohne Zweifel als Repressalien zu bezeichnen, insofern jedenfalls Frankreich von der Auffassung ausging, daß es wohlbegründete

---

[1] Nach Paisant 258 muß es scheinen, als sei die Blockade erst nach der Ratifikation des Abkommens aufgehoben worden; sie wurde aber bereits am 3. August außer Kraft gesetzt: Campbell 612; Hogan 141; Wippermann II, 221.

[2] Der Vertragsabschluss vom 3. Oktober (vgl. Campbell 612; Ducrocq 157; Hogan 141; Mérignhac 208; Paisant 259) wird (irrtümlich) auf den 2. Oktober verlegt von Schulthess-Delbrück IX, 316 und Wippermann II, 221. Wortlaut des Vertrages bei Mérignhac 208 ff.; Übersetzung bei Schulthess-Delbrück a. a. O.

Rechtsansprüche verfechte. Ob diese Auffassung objektiv zutraf, ist eine andere Frage; insbesondere war die Mekonggrenze vor der vertragsmäßigen Regelung vom Jahre 1893 von der außerfranzösischen Literatur nicht anerkannt [1]. Auch mag es zweifelhaft erscheinen, ob nicht das Bombardement von Paknam bei einem umsichtigeren Vorgehen der Franzosen hätte vermieden werden können, und ob nicht dieser Vorgang aus dem Rahmen erlaubter Repressalien herausfällt. Indessen haben beide beteiligten Staaten durch Weiterführung der diplomatischen Verhandlungen ihren Willen, den Frieden als ungebrochen anzusehen, deutlich dargetan.

Die Blockade selbst nahm von vornherein auf die Interessen des internationalen Verkehres weitgehende Rücksicht und gibt zu ernstlichen Bedenken keinen Anlaß [2]. Daß es nicht zu einer Generalnotifikation gekommen ist [3], erklärt sich aus der überkurzen Dauer der Maßregel; bei Abrechnung der Gnadenfrist bleibt nur der dreitägige Zeitraum vom 1.—3. August für die eigentliche Blockade, ein Umstand, der den Mangel der Generalnotifikation um so verzeihlicher erscheinen läßt, als die Notwendigkeit dieser Anzeigeform auch für die Kriegsblockade durchaus bestritten ist [4]. Die Frage des Blockadebruches ist in dem kurzen Zeitraum nicht aktuell geworden.

In politischer Hinsicht erwies sich die Blockade als ein wirksames Mittel zur Erledigung des Streitfalles, — wirksam vielleicht eben dadurch, daß sie nicht den Angegriffenen,

---

1 Nach Coutts Trotter, Boundaries 850 folgte die einstige siamesisch-annamitische Grenze der Wasserscheide zwischen dem chinesischen Meere und dem Mekong.

2 Getadelt wird — nicht mit Unrecht — die Kürze der Gnadenfrist von Hogan 140/141. Bedenklich wäre die daselbst vermerkte Absicht, auch die Kriegsschiffe unbeteiligter Staaten der Blockade zu unterwerfen; doch hat eine solche Absicht jedenfalls nicht bestanden.

3 Die von Kleen I, 647 erwähnte Note, durch welche Frankreich am 24. Juli 1893 den Mächten anzeigte, daß es entschlossen sei, die Küste von Siam zu blockieren, ohne damit die Eventualität anderer Maßregeln ausschließen zu wollen, kann kaum als regelrechte Generalnotifikation angesehen werden.

4 So erklärt Dupuis Nr. 179 (206 ff.) die Generalnotifikation lediglich für einen „Akt der Courtoisie".

sondern dessen rückenstärkenden Hintermann, England, getroffen hat.

Die Maßregel kann — der Form nach — im großen und ganzen als Musterbeispiel einer modernen nichtkriegerischen Einzelblockade bezeichnet werden[1].

§ 15.

Die Blockade von Venezuela.

Einer der merkwürdigsten Fälle der Friedensblockade entwickelte sich aus dem Konflikt, der die ewig unruhige und verschuldete südamerikanische Republik Venezuela zu Anfang des 20. Jahrhunderts mit den europäischen Waffen in Berührung gebracht hat[2].

I. Anlaß und Verlauf des Venezuelakonfliktes vom Jahre 1902.

Der Bürgerkrieg, der im Mai 1899 den General Castro zur Präsidentschaft der Vereinigten Staaten von Venezuela geführt und unter ihm seinen Fortgang gefunden hatte, brachte nicht nur direkte Schädigungen ausländischen Kapitals mit sich, sondern auch einen völligen Stillstand in der Staatsschuldentilgung der Republik. Betroffen waren vorzugsweise englische und italienische, insbesondere aber deutsche Untertanen. Im Verlaufe des hierdurch veranlaßten umfangreichen Notenwechsels mit den beteiligten Mächten verfügte die Regierung von Caracas durch Dekret vom

---

[1] Verschiedene Urteile über die Blockade von 1893 siehe bei Ducrocq 157 ff. Durchaus abfällig neuerdings Westlake, Pac. Bl. 20, der die Maßregel der Formosablockade an die Seite stellt. Allein der nichtkriegerische Charakter der Siamblockade steht außer Zweifel, vgl. Hogan 141. Die Instruktion für den Gouverneur von Singapore, den Franzosen die Einnahme von Vorräten daselbst zu versagen, wurde bald zurückgezogen, ibid. 140.

[2] Eine ungemein eingehende Darstellung des Konfliktes gibt Basdevant. Die Blockade wird ausführlicher behandelt bei Hogan 149 ff.; Oppenheim II, 45 ff.; Söderquist 101 ff.; Westlake II, 15 ff. (vgl. auch Pac. Bl. 21); angeführt von Grah, Bonfils-Grah 531; Heilborn, Völkerrecht 1053; Liszt 314 u. 198; Perels, Seerecht 351.

24. Januar 1901 die Einsetzung einer besonderen Kommission zur Regelung der fraglichen Verbindlichkeiten; da aber gegen die Entscheidungen dieser Kommission die Appellation nur an das venezuolanische Obergericht, nicht auch auf den diplomatischen Weg zugelassen sein sollte, verweigerten die Mächte dem Dekret ihre Anerkennung. Wiederholte Verletzung britischer Hoheitsrechte durch die Venezuolaner — Übergriffe in den Gewässern der zu Trinidad gehörigen Insel Patos, Übergriffe des Konsuls Figueredo auf Trinidad, Wegnahme des englischen Handelsschiffes „Queen" auf hoher See — erhöhten die Spannung umsomehr, als anderseits auch die Regierung von Caracas wegen Begünstigung des Rebellenschiffes „Libertador", alias „Ban Righ" gegen England Beschwerde erhob[1]. So führten die seit Sommer 1902 zwischen London und Berlin schwebenden Verhandlungen im Spätherbst zu einer Vereinigung zu gewaltsamem Vorgehen gegen die Republik.

Da die am 7. Dezember 1902 durch den englischen und den deutschen Vertreter in Caracas überreichten Ultimata nur eine verspätete und ungenügende Antwort gefunden hatten, begannen am 9. Dezember die Zwangsmaßregeln: Ungeachtet des in einer venezuolanischen Zirkularnote enthaltenen Protestes wurden bis zum 15. Dezember durch das deutsch-englische Geschwader sämtliche Kriegsfahrzeuge der Republik weggenommen, auch der Hafen Puerto Cabello zur Unterdrückung eines Straßentumultes beschossen, von den Deutschen überdies zwei der genommenen Schiffe zerstört.

Da Venezuela zwar keinen Widerstand leistete, aber auch keine Nachgiebigkeit zeigte, wählte man im Benehmen mit Italien, das sich unter Überreichung eines besonderen Ultimatums den Mächten angeschlossen hatte, als weiteres Zwangsmittel die Blockade. Diese Maßregel wurde am

[1] Näheres über die abenteuerlichen Kreuzfahrten des „Ban Righ" bei Basdevant 393 Note 3; Hogan 151; vornehmlich aber bei Rougier, Les recentes guerres civiles etc. 281 ff.

20. Dezember 1902 in Kraft gesetzt. Am gleichen Tage erfolgte die Veröffentlichung der Blockadedeklaration in den offiziellen Blättern zu London und Berlin, gleichzeitig auch die diplomatische Notifikation. Neben der Bekanntgabe des Anfangstermines der Sperre und der davon betroffenen Häfen enthielten die Deklarationen die Festsetzung der Gnadenfristen für die vor Blockadebeginn ausgelaufenen Schiffe: für die nach Venezuela bestimmten Dampfer, soweit sie aus westindischen und ostamerikanischen Häfen kamen, 10 Tage, soweit sie aus andern Häfen stammten, 20 Tage; für Segelschiffe unter den gleichen Voraussetzungen 20 und 40 Tage; für alle Fahrzeuge in den blockierten Häfen 14 Tage.

Die zweifelhafte Haltung der nordamerikanischen Unionsregierung, welche die Wirkungen einer Friedensblockade ausdrücklich auf die Schiffe der unmittelbar Beteiligten beschränkt wissen wollte, gab nun dieser Sperre einen höchst eigentümlichen Charakter. Am 17. Dezember hatte der englische Minister Balfour im Unterhaus erklärt, die geplante Blockade begründe an sich den Kriegszustand und, durch einen Einwurf in die Enge getrieben, weiterhin bemerkt, daß auch die Wegnahme der Schiffe bereits im Kriegszustand erfolgt sei; desgleichen brachte die offizielle Zeitung der englischen Regierung in Port of Spain auf Trinidad am 22. Dezember eine Art von Kriegserklärung, durch welche die Einsetzung der Prisengerichte verfügt wurde. Eine Kriegserklärung in diplomatischer Form ist jedoch nicht erfolgt, und keine einzige Macht der Welt hat eine Neutralitätserklärung abgegeben.

Die Blockade als solche wurde im Westen durch das deutsche, im Osten durch das englische Geschwader effektuiert, in beiden Zonen durch italienische Schiffe unterstützt. Zu erwähnen ist die zweimalige Beschießung des Forts San Carlos am Maracaibo-See durch die Deutschen im Januar 1903. Im übrigen wurden die Venezuolaner unbedingt, andere Fahrzeuge nur bei Blockadebruch auf vorgängige Spezialnotifikation weggenommen. Auch die Packetboote sollten der Sperre unterworfen, ihre Ladungen aber nach Möglichkeit durch die Schiffe des Blockadegeschwaders weiter befördert werden. Die Engländer gestatteten anfänglich die Durchfahrt der Fischereifahrzeuge, untersagten sie jedoch, als sich Unregelmäßigkeiten zeigten. Die Deutschen stellten von Anfang an die Fischerschiffe den übrigen gleich, dagegen wurde der amerikanische Dampfer „Zulia“ nach Maracaïbo durchgelassen, weil er dem Kanonenboot „Panther“ wichtige Informationen gegeben hatte. Als Sanktion der Blockade war vorgesehen die Konfiskation aller rechtmäßig genommenen Prisen; über die Rechtmäßigkeit der Beschlagnahme entschied das Prisengericht in Port of Spain.

Im übrigen erwies sich die Blockade, die zur Wegnahme einer beträchtlichen Anzahl von Schiffen führte, als erfolgreich. Venezuela suchte die Vermittlung der nordamerikanischen Union nach und am 13. Februar 1903 wurde durch Unterzeichnung dreier Protokolle zu Washington der „Friede“ wiederhergestellt. Venezuela erkannte die erhobenen Ansprüche an und verpfändete zu ihrer Deckung 30 % der Zolleinnahmen der Häfen La Guayra und Puerto Cabello. Die weitere Forderung der Mächte, auf diese Zolleinnahmen anderen Gläubigern gegenüber ein Vorzugsrecht zu erhalten, wurde an das Haager Schiedsgericht verwiesen, dessen Spruch am 22. Februar 1904 im Sinne der Mächte erging[1].

Die Blockade wurde mit der Unterzeichnung der Protokolle vom 13. Februar 1903 aufgehoben, die aufgebrachten Schiffe wurden ausnahmslos wieder freigegeben.

II. Die Rechtsnatur der Venezuelablockade.

Den ursprünglichen Anlaß für das Vorgehen der Mächte bildete die Gefährdung finanzieller Ansprüche ihrer

[1] Über den Schiedsspruch und die gegen das Verfahren sowie gegen die Entscheidung erhobenen Bedenken vgl. Mallarmé und die Current

Untertanen, also Interessengefährdung; dazu kam für England die Mißachtung britischer Hoheitsrechte, also Rechtsverletzung. Die Zustände der Republik und noch mehr das Verhalten ihres Oberhauptes gaben keine Aussicht auf gütliche Beseitigung der Interessengefährdung, die Reparation der Rechtsverletzung wurde direkt verweigert. So ist die Aktion der Mächte dem Grunde nach zu bezeichnen als berechtigte Intervention und Repressalienübung[1].

Ihrer Form nach stellt sich die Aktion dar als eine doppelte. Als erste Maßregel wurde gewählt die Wegnahme der venezuolanischen Kriegsschiffe, also ein Embargo im weiteren Sinne. Die Zerstörung zweier dieser Schiffe durch die Deutschen bildet dabei einen Exzeß, der im Rahmen eines nichtkriegerischen Vorgehens nicht wohl gerechtfertigt werden kann[2]. Die zweite Maßregel war die Blockade. Sie war gegen die Schiffe aller Nationen gerichtet, effektiv und notorisch; die übliche Gnadenfrist wurde gewährt, die Strafe des Blockadebruches zum letzten Ende auf bloße Sequestration reduziert. Da auch die Aufrechterhaltung des Postverkehrs durch die Schiffe des Blockadegeschwaders und die Freiheit der Fischerei vorgesehen war, kann die Übung der Maßregel im Ganzen als eine formvolle und humane bezeichnet werden[3].

Keine besondere Bedeutung kommt den im Dezember 1902 und Januar 1903 vorgefallenen Beschießungen zu. Jene war eine Folge des Embargo, diese ein Mittel zur Durchführung und Aufrechterhaltung der Blockade. In beiden Fällen handelt es sich um unselbständige, akzes-

Notes im Law Magazine and Review XXVIII, 207, 340, 471 ff.; XXIX, 210, 236 ff.; Fried 201 ff.; Tenor und Begründung des Spruches bei Mallarmé 485 ff.

[1] Ullmann 458 bezeichnet die Blockade als Repressalienfall.

[2] Ebenso Basdevant 407 ff.; Söderquist 102.

[3] Weshalb die Freigabe der Durchfahrt für die „Zulia" als eine singuläre Milderung der Blockadeschärfe von Basdevant 417 für rechtswidrig erklärt wird, ist nicht abzusehen.

sorische Maßregeln, um Zwischenfälle, Inzidentien der Hauptmaßregel.

3. Die wichtige Frage aber ist die, ob die ursprünglich als nichtkriegerische Maßregel geplante Blockade als eine friedliche oder eine kriegerische zu bezeichnen ist. Die in Washington und im englischen Parlament geführte Sprache deutet mit aller Schärfe auf das letztere hin; gleichwohl hat sich die Theorie nicht unbedingt entschließen können, den Vorgang als Kriegsblockade aufzufassen. Holland hat von einem „war sub modo“ gesprochen[1]; Basdevant dagegen glaubt, daß auch ohne Schaffung einer solchen neuen Klassifikation die fraglichen Maßregeln in der bekannten Kategorie der Repressalien untergebracht werden könnten[2]. Seine Ausführungen werden als überzeugend erachtet und demgemäß die Maßregeln unter die Friedensblockaden eingereiht von Söderquist[3]. Auch Hogan glaubt die Operation als nichtkriegerische betrachten zu dürfen[4]. L. Oppenheim berichtet zwar, die Blockade sei als Kriegsblockade erklärt worden[5], führt jedoch dessenungeachtet aus: „This blockade, although ostensibly a war blockade for the purpose of preventing the ingress of foreign vessels, was nevertheless essentially a pacific blockade[6].“ Westlake neigt durchaus zur Annahme eines Kriegszustandes[7].

Eine nähere Prüfung ergibt folgendes:

---

[1] Holland, War sub modo in The Law Quarterly Review XIX (1903) 133, zitiert bei Basdevant 411; Hogan 157; Oppenheim II, 45 Note 1; Westlake, Pac. Bl. 21; gegen diese Bezeichnung zutreffend Söderquist 108/109.

[2] Basdevant 419ff., insbesondere 421/422.

[3] Söderquist 108.

[4] Hogan 157.

[5] Oppenheim II, 47.

[6] Ders. II, 45 Note 1, ebenso 47 Note 1.

[7] Westlake II, 16 nicht sehr deutlich, bestimmter Pac. Bl. 21: „The action of England on that occasion appeared . . . to me to be war, and I deemed it to be no less difficult to regard the operations of Germany in any other light.“ Selbstverständlich ist es aber rechtlich unmöglich, den Maßregeln der beiden Verbündeten verschiedenen Charakter zuzusprechen.

a) Die Blockade ist von den Intervenienten als Friedensblockade erklärt worden. In England ist die bei Kriegsbeginn übliche Proklamation in der „Londoner Gazette" nicht erfolgt; die Erklärung der Regierung auf Trinidad vom 22. Dezember 1902 konnte keine das britische Reich bindende Kriegserklärung darstellen, sondern lediglich die Inkraftsetzung des Prisengerichts bezwecken[1]. Noch weniger läßt das deutsche Verfassungsrecht die Annahme eines Krieges zu. Nach Art. 11 Abs. 2 der Reichsverfassung kann der Kaiser einen auswärtigen Krieg nur mit Zustimmung des Bundesrats erklären, nach Art. III § 5 III und IV des Vertrags, betr. den Beitritt Bayerns zur Verfassung des Deutschen Bundes vom 23. November 1870, untersteht das bayrische Kontingent mit Kriegsausbruch (genauer mit Beginn der Mobilisierung) ohne weiteres dem Kaiser als Bundesfeldherrn; — man hat nichts davon gehört, daß eine dieser Bestimmungen 1902 aktuell geworden wäre. Die Absicht einer Kriegseröffnung kann deutscherseits nicht bestanden haben.

b) Die Blockade wurde von den Unbeteiligten als Friedensblockade betrachtet; dies ergibt sich daraus, daß keine Macht eine Neutralitätserklärung erließ. Die nordamerikanische Regierung allein erhob die Prätension, den bestehenden Zustand als Krieg zu betrachten. Gleichwohl hat sich auch in Amerika die öffentliche Meinung über die Beschießung von San Carlos im Januar 1903 erregt[2]; zu solcher Erregung lag kein Grund vor, wenn es sich um wirkliche Kriegsakte handelte.

c) Die Blockade ist während ihrer ganzen Dauer Friedensblockade geblieben. Das zeigen einerseits die Protokolle vom Februar 1903, die einen Friedenszustand voraussetzen oder, wie das englische, nur die Möglichkeit ins Auge fassen, daß ein Kriegszustand etwa behauptet

---

[1] So Basdevant 414; Söderquist 108; anderseits vgl. Hogan 156/157.

[2] Basdevant 421.

werden sollte[1], zeigt anderseits der Umstand, daß die beschlagnahmten Schiffe zurückgegeben wurden. Es ist nicht anzunehmen, daß die Intervenienten auf das Recht der Konfiskation, das ihnen mit dem Kriegszustand unbestrittenermaßen gegeben gewesen wäre, etwa aus gutem Willen verzichtet hätten. Die Staatenpraxis kennt keine Großmut.

Die Venezuelasperre war demnach von Anfang bis zu Ende nicht Kriegs-, sondern Friedensblockade. Sie bildet als solche ein wesentliches Element für die Erkenntnis der nichtkriegerischen Selbsthilfepraxis der Gegenwart. Es kann nur tief bedauert werden, daß die handelnden Mächte der unbegründeten Prätension der Vereinigten Staaten gegenüber ihren Standpunkt nicht schärfer zum Ausdruck gebracht haben. Jene Prätension bildet ein Glied in der Kette der seit Monroe unternommenen Versuche, dem amerikanischen Kontingent ein besonderes Völkerrecht, der nordamerikanischen Union eine bevorrechtete völkerrechtliche Stellung zu vindizieren. Solche Versuche führen, wie dies im vorliegenden Fall geschehen ist, zu einer Verdunkelung des geltenden Rechts[2].

§ 16.
Rückblick.

Dem Charakter eines Geschichtsabrisses entsprechend mußte sich die Materie bisher nach historischen Gesichtspunkten gliedern. Auf Grund der gewonnenen Ergebnisse kann nunmehr auch ein Überblick aus rechtlichen Gesichtspunkten gegeben werden.

---

[1] Vgl. Westlake II, 15. Wortlaut des deutschen Protokolles bei Basdevant 435 Note 3; Staatsarchiv LXVIII, 295 ff. (Nr. 12 990); über das englische Protokoll Basdevant 438; Wortlaut des fraglichen Artikels VII dieses Protokolles bei Hogan 155; Söderquist 108.

[2] Bemerkenswert ist die Tatsache, daß im niederländisch-venezuolanischen Konflikt von 1908 die nordamerikanische Regierung ausdrücklich die Versicherung gab, daß sie einer Blockade Venezuelas durch die Holländer nicht entgegentreten werde. Die niederländische Regierung aber wählte, da sie die Blockade für einen unbedingt kriegerischen Akt ansah, als Repressalie nur die Wegnahme venezuolanischer Regierungsfahrzeuge: Chronik (Niederlande) in Kohlers Zeitschrift III, 107 f. und 420.

I. Die in der bisherigen Literatur versuchten Einteilungen der Blockadefälle sind abzulehnen.

Holland bringt seinen nach Vollständigkeit strebenden Katalog unter drei Rubriken. Nach ihm sind neun Blockadefälle geübt worden „by way of reprisals", fünf Blockaden „as intervention", fünf Blockaden „as suppression"[1]. In der letzten Rubrik werden aufgeführt neben der kretischen Blockade von 1897 mehrere Insurrektionsblockaden sowie die Polizeisperre von Sansibar; in der zweiten die Interventionsmaßregeln von 1827, 1832, 1880 und 1886 sowie die Blockade von Gaëta; in der ersten die übrigen gemeiniglich aufgezählten Fälle vom portugiesischen Embargo bis zur siamesischen Blockade. — Eine Dreiteilung enthält auch die von Bulmerincq beliebte Scheidung in Blockaden zur Unterstützung eines Unabhängigkeitskrieges (Interventionen von 1827 und 1832, Blockade von Gaëta), Blockaden als Repressalien (portugiesischer Fall 1831, Pacifico-Fall) und Blockaden aus selbstsüchtigen Motiven (mexikanische und argentinische Blockade von 1838)[2]. — Eine Zweiteilung findet Lafargue in der Scheidung von Individual- und Kollektivrepressalien[3].

Alle drei Einteilungsversuche zeigen den äußeren Mangel, daß sie eine kritische Sichtung des geschichtlichen Materials vermissen lassen, außerdem aber den inneren Fehler, daß sie nur den Anlaß, nicht die Form der in Rede stehenden Maßregeln berücksichtigen. Schon früher (§ 3, III) wurde betont, daß jede iusta causa, werde sie durch den Interventionsgrund oder den Repressaliengrund gebildet, die nichtkriegerische Selbsthilfe, die Anwendung von Repressalienhandlungen rechtfertigt. Die Fragestellung geht dahin, welche Formen der Selbsthilfe als Repressalienhandlungen zulässig sind. Für eine Gliederung der praktisch in Erscheinung

---

[1] Holland 132 ff.; 136 ff.; 138 ff. Eine eingehende und treffende Kritik der Hollandschen Klassifikation gibt Hogan 17 ff.

[2] Bulmerincq, Blocus pacifique 573/574; Staatsstreitigk. 117 ff.

[3] Lafargue 95 ff.; 161 ff.

getretenen Gruppe blockadeartiger Selbsthilfehandlungen muß demnach der Unterschied der Form das Einteilungsprinzip abgeben.

II. Die Formen, in denen blockadeartige Selbsthilfehandlungen geübt wurden, weisen vier verschiedene und nacheinander zur Geltung gelangte Typen auf.

1. Ein Embargo im engeren Sinne — Beschlagnahme gegnerischer Schiffe im eigenen Territorialmeer — wurde geübt gegen Holland in englischen und französischen Häfen 1832, gegen Neapel in den Häfen von Malta 1840. Diese älteste und ursprüngliche Form des „Embargo" hat zu Beanstandungen niemals Anlaß gegeben.

2. Ein Embargo im weiteren Sinne wurde in der milderen Form des Embargo auf hoher See geübt gegen Portugal 1831, gegen Holland 1832/33, gegen Neapel 1840, gegen Griechenland 1850. Auch diese Form ist als „Beschlagnahme" schlechthin (saisie) durchweg anerkannt und hat nur da Beanstandung gefunden, wo sie, wie 1840 und 1850, der Durchsetzung fragwürdiger Ansprüche dienen mußte.

3. Ein Embargo im weiteren Sinne wurde in der schärferen Form des Embargo im gegnerischen Territorialmeer geübt gegen Griechenland 1850, gegen Brasilien 1863, gegen Venezuela 1902[1]. Diese Form involviert bereits einen bedeutsamen Eingriff in die Gebietshoheit des Angegriffenen; aber auch sie ist von der Staatenpraxis anerkannt.

4. Eigentliche Friedensblockaden erscheinen in einer noch verschwommenen und unklaren Form anläßlich der Aktion gegen Norwegen 1814 und anläßlich der

[1] Die Beschlagnahme von Kriegs- und Staatsschiffen, wie sie 1850 und 1902 geübt wurde, wird der Beschlagnahme von Privatschiffen als eine besondere Art seerechtlichen Zwanges gegenübergestellt vgl. Perels, Seerecht 148 und 150. Dieser Unterschied darf hier, wo es auf die äußere Form, nicht auf das Objekt der Beschlagnahme ankommt, außer Betracht bleiben; übrigens führen im Erfolg beide Maßregeln zu demselben Ziel einer fiskalischen Schädigung des Angegriffenen, die erste direkt, die zweite indirekt.

griechischen Interventionen von 1827 und 1828/30 (drei Fälle), — im Rahmen der Hauptperiode in einer der Kriegsblockade nachgebildeten rigorosen Form gegen Neugranada 1837 und Nikaragua 1842/44 als Fälle englischer, gegen Mexiko 1838 und Argentina 1838/40 als Fälle französischer, gegen Argentina 1845—1850 als Fall englisch-französischer Praxis (fünf Fälle), — im Rahmen der kritischen Periode in einer entwickelteren und geläuterten Form gegen Griechenland 1886 und Kreta 1897, gegen Siam 1893 und Venezuela 1902 (vier Fälle), — dazu die projektierten Blockaden gegen Mexiko 1860, gegen Kreta 1896 und gegen Griechenland 1897 (drei Fälle), — insgesamt zwölf durchgeführte und drei geplante Sperrmaßregeln.

Diese 15 Vorgänge allein sind es, die der ferneren theoretischen Erörterung zu unterstellen sind. Dabei wird aber implizite auch ein Urteil über die als Embargo gekennzeichneten Maßregeln abgegeben. Ohne Zweifel ist die Blockade, die einen ganzen Küstenstrich unter Zwang stellt, gegenüber der Beschlagnahme einzelner Fahrzeuge als die weitaus schärfere Maßregel zu betrachten [1]; daraus folgt einerseits, daß mit einer rechtlichen Anerkennung der Blockade zugleich das Embargo als ein innerhalb des Rahmens nichtkriegerischer Selbsthilfeübung liegendes Zwangsmittel anerkannt wird, und anderseits, daß die für die Rechtswirkungen der Blockade zu setzenden Schranken zugleich für die Rechtsfolgen des Embargo als äußerste Grenze gelten müssen.

III. Es ist endlich noch die Frage aufzuwerfen, unter welchen Bedingungen die Blockade von der Staatenpraxis der Gegenwart als nichtkriegerisches Selbsthilfemittel akzeptiert wurde, — die Frage nach der historischen Form der Friedensblockade.

---

[1] Der von Perels, Rapport, Ann. IX, 278 (Rev. d. dr. int. XIX, 246; Journal XIV, 723) geäußerten Anschauung, daß die Blockade gegenüber der Beschlagnahme von Schiffen in allen Meeren das mildere Zwangsmittel darstelle, kann nicht wohl beigepflichtet werden.

1. Zunächst ist festzustellen, daß die historische Friedensblockade wie die Kriegsblockade ihr Sperrverbot auf die Fahrzeuge aller, also auch der unbeteiligten Nationen ausdehnt. Dieser Grundsatz ist seit den Anfängen durch die Hauptperiode hindurch bis in die Gegenwart festgehalten worden und noch während der kritischen Periode ohne jede Restriktion in den Fällen von 1893 und 1902 sowie in dem Projekt von 1896 zur Anwendung gekommen. Der Grundsatz ist unter Restriktion auf den Handel mit bestimmten Gegenständen zur Geltung gebracht worden auch bei der Maßregel von 1897 [1]. Die nur gegen Schiffe der unmittelbar Beteiligten gerichtete Blockade von 1886 ist ein vereinzeltes Beispiel geblieben.

Von der Sperre wurde neuerdings regelmäßig auch die Packetschiffahrt betroffen. Doch ist das Prinzip, die Beziehungen Unbeteiligter nicht mehr als durchaus nötig zu stören, bei den Blockaden von 1893 und 1902 dadurch zum Ausdruck gekommen, daß die Blockadegeschwader ihrerseits die tunliche Vermittelung des internationalen Postverkehrs nach der gesperrten Küste übernahmen. — Mitunter wurde aus humanitären Rücksichten die Küstenfischerei freigegeben, so 1838 gegenüber Mexiko und teilweise auch 1902 gegenüber Venezuela. Diese Privilegierung der Fischerei ist jedoch nicht als wesentliches Element der historischen Friedensblockade anzusehen, sondern als Sache guten Willens der jeweils blockierenden Macht.

2. Die Rechtsfolge des Blockadebruches ist bei der historischen Friedensblockade die Sequestration der Fahrzeuge gegnerischer wie unbeteiligter Flagge. Die strengeren Grundsätze der älteren englischen und fran-

[1] Es geht nicht an, die Blockade von 1897 als nur gegen die Fahrzeuge beteiligter Nationen gerichtet der Blockade von 1886 an die Seite zu stellen (so z. B. bei Liszt 314; L. Oppenheim II, 47; Rontiris 238). Sobald nur in irgendeiner Beziehung die Sperre auch gegen die Schiffe Unbeteiligter gerichtet wird, ist eben der Grundsatz der Beschränkung auf die Beteiligten durchbrochen und eine auch gegen Dritte wirksame Blockade gegeben.

zösischen Praxis sind, wie früher (§ 10, I) ausgeführt, bereits zu Ende der Hauptperiode aufgegeben worden.

3. In allen formalen Beziehungen, insbesondere im Hinblick auf die Gewährung einer Gnadenfrist, auf die Erfordernisse der Effektivität und Notorietät, deckt sich die historische Friedensblockade mit der Kriegsblockade [1].

4. Keine Wesenseigentümlichkeit der historischen Friedensblockade ist ihre Ausübung im Rahmen kollektiven Zwanges. Die Idee des internationalen Polizeiberufs der Großmächte, auf welcher der kollektivistische Charakter der ersten Friedensblockaden beruhte, hat die Restaurationszeit nicht überdauert. Das „europäische Konzert" der jüngeren Epoche erhebt nicht mehr die Prätensionen der ehemaligen „Pentarchie der Großmächte". Auch die stärkste Koalition vermag nach heutiger Anschauung nur die Interessen des Kreises der Beteiligten, nicht die Interessen der Völkergemeinschaft überhaupt zu vertreten [2], daher dem von einer solchen Koalition geübten Zwang prinzipiell keine andere Bedeutung zukommt als demjenigen, den eine kleinere Gruppe oder eine einzelne Macht übt. Demgemäß kam der historischen Friedensblockade, mochte sie im Orient vom Konzert der Großmächte, oder 1902 von einer kleineren Gruppe von Mächten, oder endlich 1893 von einer einzelnen Macht geübt werden, immer ein grundsätzlich unveränderter Charakter zu.

---

[1] In gleicher Weise wie der Krieg pflegte auch die nichtkriegerische Selbsthilfe mit Blockadezwang vor Beginn der Gewaltmaßregeln durch ein Ultimatum angedroht zu werden; die Fälle, wo dies unterblieb, wie 1842 gegenüber Nikaragua, sind vereinzelt. — Eine wertvolle Zusammenstellung aller förmlichen Friedensblockadeerklärungen gibt Hogan 158 ff.

[2] Vgl. oben § 13 a. E. Nicht ausgeschlossen ist natürlich, daß sich in konkreten Fällen die Interessen einer Koalition mit denen der Völkerrechtsgemeinschaft decken, wie dies z. B. für die Intervention der Mächte in die chinesischen Wirren des Jahres 1900 zweifellos zutrifft.

Dritter Abschnitt.

Theorie der Friedensblockade.

Erstes Kapitel.

Entwicklungsgang der Theorie.

§ 17.

Phaseologie der theoretischen Anschauungen.

Seit dem ersten Auftauchen der Friedensblockade in der Praxis waren noch keine zwei Jahrzehnte verstrichen, als sie auch schon in den Kreis völkerrechtlicher Erörterung eintrat. Und die von Hautefeuille eröffnete Diskussion ist bis heute noch nicht zur Ruhe gekommen; noch heute stehen sich die Ansichten über Recht und Unrecht in dieser Frage ungeeint gegenüber.

Im Lauf der zweiten Hälfte des 19. Jahrhunderts haben aber die rechtlichen Anschauungen große Wandelungen erfahren. Manche Gründe, mit denen ehedem eine Theorie gestützt werden konnte, sind heute absolut hinfällig, — manche Ideen, die ehedem kaum möglich schienen, zur Tatsache geworden. Von diesem Standpunkt aus erscheint das Vorgehen zahlreicher Autoren, alles, was jemals für und wider die Friedensblockade geschrieben wurde, gleichwertig als Grund und Gegengrund einander gegenüberzustellen, als nicht gerechtfertigt. Es ist vielmehr angezeigt, zunächst den Werdegang der theoretischen Anschauungen zu verfolgen, dabei auszuschalten, was nur mehr historischen Wert hat, und festzulegen, was auch heute noch gilt.

In diesem Werdegang treten nun, wie in jeder Entwicklung, bestimmte Phasen zutage. Es ist freilich nicht möglich, mit scharfer Trennung der zeitlichen Aufeinanderfolge einzelne Perioden festzulegen, denn nur wenige der einmal geäußerten Gedanken sind wieder völlig aus der Diskussion verschwunden. Auch ist es nicht möglich, die einzelnen Autoren insgesamt bestimmten Epochen zuzuteilen, denn nur wenige haben das Problem der Friedensblockade in geschlossen systematischer Darstellung behandelt, daher sich in ein und derselben Beweisführung oft die verschiedensten Anschauungsarten vereinigt finden. Wohl aber sind die im Lauf der Entwicklung aufgetauchten Ideengruppen zu verschiedenen Zeiten in den Vordergrund der Diskussion getreten und geben damit, wenn sie auch mannigfach ineinander übergreifen und schließlich nebeneinander herlaufen, die Möglichkeit, von einer Phasenbildung zu reden, — um so mehr, als der zeitlich vorangegangene Gedanke vielfach zugleich die logische Voraussetzung des folgenden bildete.

Unter solchen Gesichtspunkten läßt die Theorie der Friedensblockade vier phaseologisch voneinander abgegrenzte Schriftstellergruppen unterscheiden.

1. Die Theoretiker des kriegerischen Zwanges.

Die ersten Erörterungen der Friedensblockade greifen naturgemäß voll und ganz auf die bis dahin allein bekannte Vorstellung der kriegerischen Blockade zurück. Sie behandeln die Friedensblockade, gestützt namentlich auf die mehrfach rein kriegerischen Vorgänge der älteren französischen Praxis, als eine Art uneigentlichen oder unvollkommenen Krieges. Die Anhänger dieser Richtung, die Theoretiker des kriegerischen Zwanges, haben die Friedensblockade bekämpft oder verteidigt, je nachdem ihnen solch ein unvollkommener Krieg als rechtlich zulässig oder unzulässig erschien.

2. Die Theoretiker des Neutralitätsprinzips.

Einen Fortschritt bedeutete die Erkenntnis, daß bei der in der Praxis ausdrücklich ausgesprochenen Absicht, nichtkriegerischen Zwang zu üben, auch die Theorie den Boden des Krieges verlassen müsse. Aber immer noch hielt man sich an die altüberlieferten Vorstellungen; an Stelle des Kriegsbegriffes mußte der zunächst gelegene Begriff der Neutralität den Ausgangspunkt für die Erörterungen geben, eine Betrachtungsweise, die gleichfalls in der französischen Praxis und ihrer Neigung, Unbeteiligte auf dem Fuß der Neutralität zu behandeln, ihre Stütze fand. Die Vorstellung aber, daß die Friedensblockade dritten Staaten die Pflichten der Neutralität auferlege, mußte gegenüber dem anerkannten Satze, daß Neutralität nur als Korrelat des Krieges denkbar ist, notwendigerweise zu dem Schluß führen, daß die Friedensblockade in Wahrheit eine kriegerische Maßregel sei. So mußten die Anhänger dieser Betrachtungsweise, die Theoretiker des Neutralitätsprinzips, dazu kommen, den nichtkriegerischen Charakter der Friedensblockade in Abrede zu stellen und damit die rechtliche Zulässigkeit einer Blockade außerhalb des Kriegszustandes zu bestreiten. In der Tat sind gerade aus dieser Gruppe von Theoretikern bis auf die neueste Zeit die überzeugtesten Gegner der Friedensblockade hervorgegangen.

3. Die Theoretiker der tatsächlichen Übung.

Gegenüber der auf dem hergebrachten Neutralitätsprinzip bauenden Auffassung konnte aber stets darauf hingewiesen werden, daß die Blockade trotz aller theoretischen Gegengründe immer wieder als nichtkriegerisches Selbsthilfemittel zur Anwendung gekommen ist. Es fehlt nicht an Stimmen, die einzig auf Grund der durch die Praxis vollzogenen Sanktion die Friedensblockade als Rechtsinstitut anerkannt wissen wollen; andere haben auf Grund der realen Praxis die Maßregel in ihrer historisch gegebenen

Form auch aus politischen und rechtlichen Gesichtspunkten zu begründen versucht. Diese Theoretiker der tatsächlichen Übung bilden das Kontingent, aus dem die überzeugtesten Verteidiger der Maßregel hervorgegangen sind.

4. Die Theoretiker der künstlichen Limitation.

Der Widerspruch zwischen den Ergebnissen theoretischer Erwägungen einerseits und der positivistischen Betrachtungsweise anderseits hat eine Reihe von Autoren auf den Gedanken geleitet, daß nur ein Kompromiß zwischen beiden Richtungen zu einer befriedigenden Lösung führen könne. Dieser Kompromiß sollte gefunden werden in der Konstruktion eines künstlichen Friedensblockadebegriffes, in der Zulassung einer bestimmt limitierten Blockadeform. Namentlich seit den achtziger Jahren sind Vermittelungsvorschläge dieser Art wiederholt gemacht worden. Ihre Urheber und Anhänger, die Theoretiker der künstlichen Limitation, kennzeichnen sich als Verteidiger einer theoretisch erdachten Form der Friedenssperre, damit zugleich aber als Gegner der historischen Blockade.

§ 18.

Theoretiker des kriegerischen Zwanges.

Die Unterstellung, daß die Friedensblockade ein Mittel kriegerischen Zwanges sei, hat den gemeinsamen Ausgangspunkt gebildet für zwei anscheinend gänzlich verschiedene Theorieen, die den Franzosen Laurent-Basile Hautefeuille und Eugène Cauchy ihre Begründung verdanken. Der Gegensatz beider Auffassungen ist jedoch nur ein äußerlicher und verschwindet bei den späteren Theoretikern des Kriegszwanges.

I. Derselbe **Hautefeuille**, der die Friedensblockade in seinem 1848/49 zuerst erschienenen Werk „Über die Rechte und Pflichten der neutralen Nationen" als erster in den Kreis der rechtlichen Erörterungen einführte, ihr den

Namen gab[1] und ihr so zu einem terminologischen Dasein verhalf, hat zugleich der Maßregel die Berechtigung zu theoretischer Sonderexistenz abgesprochen. Denn die eigentümliche Theorie, mit der dieser Autor die Rechtswirkungen der kriegerischen Blockade zu begründen suchte, mußte ihm zugleich dazu dienen, die Friedensblockade als solche zu bekämpfen[2].

Bekanntlich geht Hautefeuille von der Idee aus, die Kriegsblockade sei eine Eroberung feindlicher Territorialgewässer, der Blockierende somit als Souverän der von dem Blockadegürtel umfaßten Wasserfläche berechtigt, dem Handel dritter Nationen den Zutritt dazu zu verwehren[3]. Auch für die Entscheidung über die Zulässigkeit einer Blockade in Friedenszeiten glaubt er zurückgreifen zu müssen auf den von ihm aufgestellten Satz: „Le blocus n'est d'autre chose que la conquête“[4]. Das Recht, auf einer bestimmten Wasserfläche dem neutralen Handel entgegenzutreten, hat für ihn notwendig zur Voraussetzung die vorgängige Eroberung dieser Fläche, und das um so mehr, „lorsque, comme en matière de blocus, il s'agit d'une opposition avec sanction pénale“; und da Eroberung nur im Kriege denkbar, ist ihm die Blockade unter allen Umständen ein Akt offenen Krieges[5].

Neben dieser auf die Blockadetheorie der Eroberung bauenden Beweisführung hat Hautefeuille auch andere Gründe gegen die Zulässigkeit der Friedensblockade vorgebracht. So erinnert er daran, daß diese Maßregel dem gesamten geschriebenen Völkerrecht fremd sei, daß Verträge, Gesetze und theoretische Schriften, wo sie von der

---

[1] Siehe oben § 2, II.

[2] „Des droits et des devoirs des nations neutres“ titre IX, chap. 7: „Du prétendu blocus pacifique“ (II, 272 ff. der zweiten Auflage).

[3] Diese (sog. „französische“) Theorie wurde außer von Hautefeuille (a. a. O. titre IX, chap. 1) auch verfochten von Hübner, Klüber, Massé und Ortolan; vgl. Geßner, Droit des neutres 165; Kleen I, 548; Söderquist 123 ff.

[4] Hautefeuille II, 276.

[5] Ders. II, 277.

Blockade handelten, ihrer immer nur als einer kriegerischen gedacht hätten [1]. Dem naheliegenden Einwand, daß Friedensblockaden tatsächlich verhängt und von den unbeteiligten Staaten anerkannt worden seien, sucht er damit zu begegnen, daß er einerseits auf die Uneinigkeit der Praxis über die Regeln ihrer Ausübung hinweist, anderseits die Behauptung aufstellt, es seien diese Blockaden von dritter Seite nicht als friedliche, sondern immer nur als wirklich kriegerische Blockaden respektiert worden [2]. Dem Einwurf endlich, daß die Friedensblockade als Mittel zur Verhütung von Kriegen zu begrüßen sei, glaubt er entgegenhalten zu müssen, daß die Maßregel, in den meisten Fällen doch nur aus der Selbstsucht der Mächtigen entsprungen, selbst da, wo ausnahmsweise eine Regung der Humanität zugrunde gelegen habe, als ein an sich rechtswidriges Mittel niemals durch das gute Motiv gerechtfertigt werden könne [3].

Alle diese Erwägungen aber erscheinen bei Hautefeuille gegenüber der Beweisführung aus seiner Blockadetheorie nur als nebensächliches Moment; sie gründen sich nur auf das „sekundäre Recht“ (droit secondaire), jene Theorie auf das „primitive“, das „göttliche Recht“ (loi primitive, loi divine). Der Widerspruch mit den höchsten, natürlichen Rechtsprinzipien ist es, der für Hautefeuille die Friedensblockade zu einem „Sakrileg“ an diesen „geheiligten“ Grundsätzen macht und jeden Versuch ihrer Rechtfertigung von vornherein ausschließt [4].

Bei dem hohen Ansehen, das Hautefeuille verdientermaßen genoß, konnte es nicht ausbleiben, daß auch seine Theorie der Friedensblockade ihre Anhänger fand. Noch in den sechziger Jahren haben namhafte Völkerrechtslehrer

---

[1] Ders. II, 278 ff.

[2] Ders. II, 284 ff.

[3] Ders. II, 280 ff.

[4] Ders. II, 283/284; vgl. ebenda die charakteristische Stelle: „Le droit international repose sur des principes éternels; ces principes doivent être respectés par tous les peuples, même par les peuples les plus puissants; tous les nations qui s'en écartent, commettent un crime.“

sich seine Ausführungen ohne Vorbehalt und Zusatz zu eigen gemacht, **William Beach Lawrence**, der Kommentator des Wheaton[1], und **William de Burgh**[2]. Groß ist die Zahl derjenigen, die sich minder vorbehaltlos auf den Meister berufen, und noch neuerdings wird von den Gegnern der Blockade gern seine Autorität ins Feld geführt[3].

In der Tat haben die Einwände, die Hautefeuille aus dem „sekundären" Recht ableitet, von ihrem Gewicht bis heute noch so wenig eingebüßt, daß sie immer noch den eisernen Bestand jeder Beweisführung gegen die Friedensblockade bilden. Dagegen bedarf der Kernpunkt seiner Darlegungen, der auf der Idee eines primitiven „göttlichen" Rechtes, also auf einer naturrechtlichen Vorstellung beruht, einer Widerlegung heute nicht mehr. Übrigens ist die Eroberungstheorie auch für die kriegerische Blockade nicht annehmbar; die Behauptung, daß durch Stationieren von Schiffen eine Okkupation der umliegenden Wasserfläche erfolge und damit die Souveränität über diese Fläche begründet werde, ist ohne weiteres in das Gebiet haltloser Fiktionen zu verweisen[4].

II. Der Eroberungstheorie stellte **Cauchy** in seiner Abhandlung über internationales Seerecht 1862 eine nicht minder eigenartige Konstruktion des Friedensblockadebegriffes gegenüber.

Cauchy geht aus von seiner besonderen Auffassung der Blockade überhaupt. Sie ist ihm nichts anderes als eine der Belagerung des Landkrieges analoge Form des

---

[1] Lawrence's Wheaton (2. Ausgabe 1863) 846.

[2] Burgh (1868) 121/122 Note 2.

[3] Vgl. Fauchille 44 u. 47; Carnazza-Amari II, 623/624; Geffken, Heffter-Geffken 244, Note 5; Kleen I, 653; Baty 608. — Eine Neuerstehung erlebte die Eroberungstheorie in Form einer „Okkupationstheorie" bei Fiore, siehe unten § 21, I.

[4] „De pures fantaisies" nennt Kleen I, 549 die aus dieser Theorie gezogenen Folgerungen. — Immerhin findet die „französische Theorie" auch heute noch ihre Anhänger; so hat sich Kohler in Kohlers Zeitschrift III, Besprechung 379/380, zu ihr bekannt.

Seekrieges, nichts anderes als ein Belagerungskrieg (guerre de siège)[1]. Daher kommen ihm die Rechte Dritter auf Handelsfreiheit für die blockierende Macht nicht weiter in Frage als für den Belagerer; hier wie dort handle es sich um eine faktische Maßregel, deren Anwendung zwar an die Schranken des Kriegsrechts gebunden, im übrigen aber dem freien Ermessen der Kriegführenden anheimgegeben sei.

Von diesem allgemeinen Blockadebegriff aus sucht Cauchy die Friedensblockade zu erklären als einen örtlich begrenzten Krieg (guerre localisée), der — an sich ebenso berechtigt wie jeder andere, allgemeinere Krieg (guerre plus générale) — dem Fortschritt der Zivilisation weit angemessener sei. Denn nach seiner Auffassung verliert ein derart lokalisierter Krieg den strengen Kriegscharakter, er wird zu einem Repressionsmittel eigener Art. Wie ehemals die Repressalienbriefe ein Mittel abgegeben hätten, ein erlittenes Unrecht zu sühnen, ohne dem gesamten Volk die endlosen Mühsale eines Staatskrieges aufzubürden, so sei in der Gegenwart den Staaten die Möglichkeit geboten, durch einfache Blockade Repression zu üben (borner à un simple blocus l'exercice des représailles publiquement exercées) und so die Führung opfervoller und aussichtsarmer Kriege, namentlich in größerer Entfernung vom Heimatlande, zu umgehen[2].

Mit solchem Hinweis auf das Zweckmäßigkeitsmoment schließt Cauchy seine Ausführungen. Niemand wird ihnen Eigenart und Geist absprechen; Überzeugungskraft aber dürfte ihnen nicht mehr zuerkannt werden. Ein Unterschied zwischen dem allgemeinen und dem lokalisierten Krieg ist dem Völkerrecht fremd, zudem ist nicht klar, welcher Charakter der letzteren Kategorie zukommen soll.

---

[1] Cauchy II, 426.
[2] Ders. II, 427/428.
[3] Schon Geßner, Droit des neutres 169 bezeichnet diese Unterscheidung als „hasardée, pour ne pas dire manquée".

Daß der lokalisierte Krieg etwa den Charakter einer Repressalie trage, wird nicht behauptet; er wird zwar in Analogie gestellt zu den mittelalterlichen Repressalienbriefen, aber ausdrücklich als Form des Krieges bezeichnet[1]. Mit dieser Bezeichnung hat sich Cauchy der Möglichkeit begeben, den nichtkriegerischen Charakter der Maßregel zu betonen und so seiner Verteidigung der Friedensblockade den Boden unter den Füßen weggezogen[2].

Noch mehr. Cauchys Lokalisations- und Belagerungstheorie stellt nur eine besondere Wendung der Eroberungstheorie Hautefeuilles dar. Cauchy arbeitet, wenn auch unbewußt, mit dem Gedanken, daß die Blockade wie die Belagerung eine Operation auf erobertem oder okkupiertem Gebiete sei; nur so kann er dazu kommen, das Problem der Unterbindung des unbeteiligten Handels völlig aus seiner Betrachtung zu eliminieren. Auch ist die Idee der Scheidung des Blockadekrieges vom allgemeinen Krieg bereits bei Hautefeuille zu finden, der ausdrücklich hervorhebt[3], daß die Blockade für sich allein als kriegerischer Akt zur Anwendung kommen könne.

III. Während Hautefeuille und Cauchy mit ihren eigenartigen Theorien zweifellos der Geschichte angehören, hat ihre Doktrin von der kriegerischen Natur unseres Zwangsmittels in älterer und neuerer Zeit Verfechter gefunden.

Von den Zeitgenossen der Genannten schließt sich dieser

---

[1] Völlig unzutreffend ist es, wenn Baty 608 behauptet, Cauchy habe an anderer Stelle (I, 363) die Repressalien überhaupt und damit implicite die Friedensblockade verworfen. Denn einerseits hat Cauchy die Blockade gar nicht unter die Repressalien gezählt, anderseits an der angezogenen Stelle nicht etwa die Repressalien überhaupt, sondern nur die mittelalterlichen Repressalienbriefe kritisiert.

[2] Zutreffend Bulmerincq, Blocus pacifique 577: „Cauchy aurait mieux fait de parler d'un acte de force que d'un acte de guerre, car en rangeant le blocus pacifique parmi les actes de guerre, il se trouvait dans l'impossibilité de défendre le procédé pour lequel il plaidait." — Eine geschickte Modernisierung hat Cauchys Lehre gefunden durch Söderquist (unten § 20, 30. Note), der sich anscheinend dieses Zusammenhanges nicht bewußt ist.

[3] Hautefeuille II, 288.

Doktrin an **Heinrich Bernhard Oppenheim**, wenn er — übrigens wohl ganz selbständig — in seinem Völkerrechtslehrbuch (1. Aufl. 1845, 2. Aufl. 1866) ausgeführt: „Es gibt selbst Bloqaden, wie Embargo's, ohne weitere Kriegführung . . . doch ist die Bloqade ein entschiedenes Kriegsmittel“ [1]. Noch schärfer gelangt derselbe Gedanke zum Ausdruck in dem Prisentraktat der Franzosen **A. de Pistoye** und **Ch. Duverdy** von 1859. Der Traktat steht auf dem Standpunkt, daß die Blockade, auch wo sie ohne Kriegserklärung geübt werde, gleichwohl eine kriegerische sei, insofern sie selbst kraft ihrer Natur als Gewaltanwendung den Kriegszustand schaffe, und kommt zu der Behauptung: „Soutenir que l'on peut établir un blocus sans faire la guerre à la puissance que l'on bloque, c'est une pure subtilité“ [2]).

Ludwig Geßner schließt sich in seiner Abhandlung über das Recht der Neutralen zur See (2. Aufl. 1876) in der rechtlichen und ethischen Wertung der tatsächlichen Blockadefälle vollkommen an Hautefeuille an. Gegenüber Cauchy sucht er darzulegen, daß die Blockade zwar einen restringierten, gleichzeitig aber einen konzentrierten und intensiven Krieg darstelle. Dazu erscheint ihm der auf einzelne Staatsteile beschränkte partielle Krieg als ein innerer Widerspruch, da der Staat nicht eine tote Maschine, sondern ein lebendiger Organismus sei, den jeder Teilangriff in seiner Gesamtheit treffen müsse [3]. Auf einen derartigen inneren Widerspruch scheinen auch die wenig klaren Ausführungen bei **Carnazza-Amari** [4] abheben zu wollen. Doch wird dabei zugleich auf andere Mängel der Maßregel hingewiesen; aus der Praxis wird entnommen, „daß die Blockade

[1] H. B. Oppenheim (2. Aufl.) 255.

[2] Pistoye et Duverdy I, 376.

[3] Geßner, Droit des neutres 236 ff.; ablehnend auch Blockaden 394. — Die Angabe bei Rolin-Jaequemyns, Chronique, Rev. d. dr. int. XVIII, 619 Note 2, Geßner habe die Friedensblockade verteidigt, beruht auf einem offensichtlichen Irrtum.

[4] Franz. Übersetzung von Montanari-Revest (1882) II, 622 ff.

keine anderen Kriege verhindert als jene, die unmöglich sind, und nichts weiter ist als ein Mittel für den Starken, die Schwachen zu unterdrücken"[1]. **Carlos Testa** endlich zieht lediglich aus der Tatsache, daß die Pariser Deklaration von 1856 nur von der Kriegsblockade spreche, den Schluß, daß die Blockade unter allen Umständen ein Akt des Krieges sei[2].

Noch neuerdings wird vereinzelt die Unverträglichkeit der Blockade mit dem Friedenszustand absolut behauptet, so 1898 von **M. Th. Baty.** Nach ihm hat die Friedensblockade zwei Hauptfehler: sie ist ihm erstens „inégal", insofern sie die brutale Stärke unterstütze, zum zweiten „insolent," insofern sie trotz der Neuheit ihrer Praxis sich anmaße, über die Grenzen der nur durch ihr hohes Alter gerechtfertigten Repressalien hinauszugreifen (!), damit aber an der wichtigen Schranke zwischen Krieg und Frieden zu rütteln[3].

Als Nebengedanke endlich taucht die Behauptung der absolut kriegerischen Natur der Blockade bei den Gegnern ihrer friedlichen Anwendung immer wieder auf.

§ 19.

Theoretiker des Neutralitätsprinzips.

Fruchtbarer als die These von der unbedingt kriegerischen Natur der Friedensblockade hat sich erwiesen der Gedanke, daß dieses Zwangsmittel mit dem Rechtsprinzip der Neutralität im Widerspruch stehe[4]. Es ist dies ein Gedanke, in dem sich die weitaus größte Gruppe von Autoren,

---

[1] a. a. O. 625.

[2] Franz. Übersetzung von Ad. Boutiron (1886) 132.

[3] Baty 606 ff. — Ein gar zu fernes Abirren von juristischer Betrachtungsweise bedeutet es doch, wenn Baty 606 über das Vorgehen des Blockierenden bemerkt: „certes ce n'est pas la méthode héroïque." Was hat der Heroismus mit dem Recht zu tun?

[4] Der Gedanke findet sich auch verschiedentlich bei den Theoretikern des kriegerischen Zwanges, so bei Hautefeuille II, 276; Geßner, Droit des neutres 236; Baty 609.

insbesondere aber fast alle Gegner der Friedensblockade zusammenfinden.

I. Den Übergang von der Theorie des kriegerischen Zwanges zur Theorie des Neutralitätsprinzips vermittelt eine Reihe von Schriftstellern, die in erster Linie den kriegerischen Charakter der Maßregel betonen, zur Bekräftigung dieser Anführungen aber auf die schädigende Wirkung der Sperre dem neutralen (richtiger: unbeteiligten) Handel gegenüber hinweisen.

An der Spitze dieser Gruppe ist **Paul Fauchille** zu nennen. Nach den Ausführungen seiner Abhandlung „Du blocus maritime“ von 1882 ist die Friedensblockade von der Staatenübung und der Prisengerichtspraxis anerkannt, vom innerstaatlichen Gesetzesrecht und vom internationalen Vertragsrecht abgelehnt[1]. Jene Anerkennung kann ihm die Übung nicht rechtfertigen; die Blockade stelle sich als ein unbedingt kriegerischer Akt, ihre Übung im Frieden daher als ein Widerspruch dar. Eine Friedensblockade sei aber ferner aus dem Grunde unmöglich, weil es außerhalb des Krieges keine Neutralität und keine Prisengerichtsbarkeit geben könne, daher von einer Pflicht der Neutralen zur Respektierung der Maßregel sowie von einer Aburteilung der Blockadebrecher nicht die Rede sein könne[2]. Fauchille versteigt sich zu der ungeheuerlichen Bemerkung, daß eine im Frieden geübte Blockade als See- und Straßenraub[3] zu betrachten und zu behandeln sei; seine Ausführungen enthalten wohl die schroffsten Angriffe, die überhaupt gegen die Friedensblockade gerichtet wurden.

In ähnlichem Gedankengange findet **Friedrich von Martens** die Blockade an sich widerspruchsvoll und un-

[1] Fauchille 45. Auch später hat der gleiche Autor die Praxis der Friedensblockade anerkannt; so findet sich in seinem Referat über den madagassischen Konflikt von 1895 (Rev. gén. III, Chronique, France et Madagascar 55 ff.) auf Seite 64 der Satz: „Man weiß, nach der gegenwärtigen Praxis kann es eine Blockade ohne Krieg geben, die man die friedliche nennt.“

[2] Fauchille 47 ff.; 51 ff.

[3] a. a. O. 49/54: „piraterie et brigandage.“

vereinbar mit der Handelsfreiheit dritter Staaten[1]. **Theodore D. Woolsey** hält die Blockade für einen zwar räumlich und zeitlich beschränkten, aber gleichwohl wirklichen Krieg; in zweiter Reihe führt er aus, daß die Blockade im Gegensatz zum Embargo auch die Neutralen behellige, daher nicht ohne deren Konsens in die Praxis eingeführt werden dürfe[2]. Seinen Darlegungen schließt sich **Henry Glass**[3] im wesentlichen an.

II. Andere stellen die Unverträglichkeit der Friedensblockade mit dem Gedanken der Neutralität aufs entschiedenste in den Vordergrund.

Der temperamentvolle Vorkämpfer dieser Richtung ist **Heinrich Geffken,** der, ein umgekehrter Saulus, aus einem Befürworter der Maßregel deren einflußreichster Gegner geworden ist[4]. Für ihn konstituiert die Blockade notwendig „un état des représailles générales, c'est-à-dire un état de guerre"[5]. Zur Stützung dieser Ansicht werden die auch sonst geltend gemachten Gründe angeführt: die Blockade sei ein Mittel des Starken gegen den Schwachen, weder vom Vertragsrecht noch von der Praxis anerkannt[6]. Die Darlegungen gipfeln jedoch in der Betonung der Rechte der „Neutralen": „Le blocus, dit pacifique, ne frappe pas seulement l'Etat qu'il prétend influencer; il gêne le commerce de toutes les nations; cette situation dépasse la mesure des simples représailles, et ne peut se justifier que par l'état de guerre"[7].

Mit Heftigkeit wendet sich Geffken gegen den Versuch der französischen Regierung, die chinesische Blockade von

---

[1] Martens II, 473 ff.
[2] Woolsey 193.
[3] Glass 458.
[4] Heffter-Geffken 243 Note 5.
[5] Ziffer 1 des Resumé in den Verhandlungen des Instituts von 1887, Ann. IX, 295.
[6] Contrerapport (Ann. IX, 286 ff.; Rev. d. dr. int. XIX, 377 ff.; Journal XV, 585 ff.) passim.
[7] Ziffer 2 des Resumé Ann. IX, 295; vgl. auch Contrerapport Ann. 290 (Rev. 380; Journ. 588).

1884 aus einem „Repressalienzustand“ zu rechtfertigen[1]; er bekämpft aber auch die Versuche, die Friedenssperre in einer milderen, nur wider den Gegner wirksamen Form dem Völkerrecht zu retten, mit dem Hinweis darauf, daß bei Freigabe des unbeteiligten Handels der Blockadebegriff entfalle[2]. Eine wirkliche Blockade im Zustand des Friedens ist ihm nichts anderes als ein „rechtloser Gewaltakt“[3].

Vorbehaltlos schließt sich an Geffken an der Franzose **Joseph Imbart-Latour**[4]. Den gleichen Standpunkt vertritt **Leopold von Neumann** mit den bündigen Worten: „In Friedenszeiten darf man dritte Staaten vom Verkehr mit den ihnen befreundeten Staaten nicht abschließen, sie als Neutrale behandeln. Neutrale gibt es nur im Kriege“[5].

Richard Kleen faßt die verschiedentlichen Argumente der Blockadegegner — Unbilligkeit der Maßregel, schwankende und vielfach verurteilte Praxis, Mangel einer Anerkennung in Verträgen — in ausführlicher Darlegung zusammen, nimmt aber zum Kernpunkt seiner Beweisführung den Anspruch dritter Staaten darauf, daß man von ihnen nicht die Pflichten der Neutralität fordere, während man selbst die Segnungen des Friedens weiter genieße[6]. In ähnlich ausführlicher Weise bespricht **Peter Wagner** die für und gegen die Maßregel vorgebrachten Gründe sowie eine Anzahl praktischer Fälle; er neigt schließlich auf die Seite der Gegner, insofern die Maßregel sich gegen den Handel dritter Staaten mit dem blockierten Staat richte[7]. **Henry Bonfils** beruft sich in erster Reihe auf die Autorität von Fr. v. Martens, führt aber, ähnlich wie Kleen, neben anderen Gründen als Hauptargument an, daß im Frieden keine Neutralität bestehe, folglich auch für dritte Staaten

[1] Völkerrechtliche Fragen usw. 149 ff.; France en Chine 145 ff.

[2] Neutralität 747; Völkerrechtl. Fragen 154.

[3] Neutralität a. a. O.; Völkerrechtl. Fragen 153.

[4] Imbart-Latour 352.

[5] Neumann 96; vgl. auch in den Verhandlungen des Instituts von 1887, Ann. IX, 296.

[6] Kleen I, 644 ff. (§ 140), insbes. 650, 652 Note 1, 654/655.

[7] Wagner 74 ff. (§ 11), insbes. 78.

keine Rechtspflicht, sich den Blockadegesetzen zu fügen[1]. Ebenso erblickt **Karl Gareis**, der gleichfalls auf Martens zurückgreift, in der Schädigung der Interessen dritter Staaten den Hauptgrund, der zur „theoretischen und praktischen Verwerfung der sogenannten friedlichen Blockade" führe[2].

III. Die Theoretiker des Neutralitätsprinzips bilden den Kern des Aufgebots der Friedensblockadegegner. Daher seien hier zur Vervollständigung der Aufzählung als weitere Gegner der Maßregel noch genannt Deane, Libbrecht, Macri, de Negrin, de Olivart, Piédelièvre, Rosse[3].

§ 20.

Theoretiker der tatsächlichen Übung.

Bei allem, was sich gegen die Friedensblockade ins Feld führen ließ, konnte nicht übersehen werden, daß die Maßregel in der Übung der Staaten Eingang gefunden hatte als nichtkriegerisches und auch von den in Mitleidenschaft gezogenen unbeteiligten Nationen anerkanntes Mittel. Diese Tatsache wurde selbst von überzeugten Blockadegegnern konstatiert[4] und mußte den positivistisch aufbauenden Darstellungen des Völkerrechtes Anlaß geben, solche Praxis als eine legitime zu bezeichnen.

I. Manche Autoren begnügten sich damit, die reine Tatsache der Blockadeübung zu verzeichnen, ohne sich auf eine Erörterung der gegen die Maßregel vorgebrachten Bedenken irgendwie einzulassen.

Die Reihe dieser Schriftsteller eröffnet in überragender Autorität **August Wilhelm Heffter.** Nach ihm kann in ähnlicher Weise, wie das Embargo, auch ein Blockadezustand angewandt werden, „sei es, um Repressalien zu

---

[1] Bonfils-Grah 531/532 (Nr. 992, 993), siehe auch 808/809 (Nr. 1628/1629).

[2] Gareis 219.

[3] Zitiert und besprochen bei Perels, Seerecht 153 und 352. — Dazu tritt noch Despagnet, Cours 532 ff.

[4] Vgl. Neumann 96; Baty 609; für Fauchille siehe oben § 19 S. 126 bei und in Note 1.

üben, sei es, um eine bevorstehende Rechtsverletzung zu hindern". Ohne jeden Versuch theoretischer Begründung wird weiterhin vorgetragen: „Zwar erst die neueste Geschichte liefert Beispiele der letzteren Art von Blockaden, als einer Art von Repressalien ohne förmlichen Krieg (blocus pacifique); es kann jedoch kein Bedenken haben, daß diese Anwendung eine vollkommen rechtmäßige sei, und daß selbst neutrale Mächte . . . daran gebunden sind. Nur findet keine Konfiskation außer dem Fall eines Krieges statt"[1].

Ganz an Heffter schließt sich **Ferdinand Lentner** an, der als Strafe des Blockadebruches den vorläufigen Gewahrsam zuläßt[2]. **Franz von Holtzendorff** konstatiert schlechthin die Zulässigkeit der Übung[3]. Nach **Francis Wharton** ist die Maßregel von der Staatenpraxis und von der Diplomatie anerkannt als Mittelzustand zwischen Krieg und Frieden[4]. Nach **Franz von Liszt** und **Albert Zorn** spricht ungeachtet vielseitiger Angriffe die Staatenpraxis ganz entschieden für die Zulässigkeit der Maßregel in ihrer Wirkung gegen Unbeteiligte[5]. **Jan Helenus Ferguson** gibt zu, daß die Frage keineswegs unbestritten ist, verzeichnet aber gleichfalls die Tatsache einer rechtlich maßgebenden Praxis[6]. **Alphonse Rivier** endlich verkennt nicht, daß von theoretischer Seite schwere Bedenken gegen die Maßregel erhoben wurden, fährt indes fort: „Mais si la doctrine proteste, la politique agit, et il n'est guère possible aujourd'hui de dénier au blocus le caractère d'une institution du droit des gens actuel"[7].

Der gründlichste Erforscher der Friedensblockadenpraxis, **Falcke,** hat sich eines bestimmten Urteils über die

---

1 Heffter-Geffken (1888) 241/242.
2 Lentner, Recht im Kriege 72.
3 Holtzendorff 1238.
4 Wharton III, 407 ff.
5 Liszt 313/314; Zorn 241 ff., insbesondere 244.
6 Ferguson II, 240/241 (§ 167).
7 Rivier, Principes II, 198; die Tatsache der Blockade wird auch konstatiert Lehrbuch 375/376.

Theorie der Maßregel enthalten. Doch scheint er nach seinen Auslassungen zu den Einzelvorgängen die Friedenssperre auch in ihrer Wirkung gegen Dritte für zulässig zu erachten und nur die groben Mißbräuche der „Hauptperiode" bekämpfen zu wollen [1].

Den positivistischen Verfechtern der reinen Übung an die Seite zu stellen ist schließlich **Emmanuel von Ullmann,** der zwar aus den von den Gegnern der Friedensblockade geltend gemachten Gründen die Vermeidung der Maßregel als rechtspolitische Forderung befürwortet, im übrigen aber die Blockade als ein in die Praxis aufgenommenes nichtkriegerisches Selbsthilfemittel bespricht [2].

II. Verschiedene Autoren haben es für angezeigt gehalten, wenigstens eine rechtspolitische Begründung der Praxis zu geben und die Maßregel auch in ihrer historischen Form als ein Symptom fortschreitender Humanität zu rechtfertigen.

Der markanteste Vertreter dieser Richtung ist **Charles Calvo** [3]. Er geht aus von der Tatsache, daß die Blockade in der modernen Staatenpraxis unter verschiedenen Vorwänden geübt werde [4]. Diese Übung scheint ihm auch gerechtfertigt, denn es gebe „des cas, dans lesquels l'équité internationale veut, qu'avant de rompre les hostilités et de se lancer dans les milles hasards de la guerre on ne se prive pas d'un mode de contrainte morale et matérielle, dont les relations de la vie civile offrent quelques analogues, et qui, au prix de gênes, de restrictions ayant un caractère temporaire nettement délimité, peut rendre inutile l'emploi de moyens plus violents et d'une portée plus vaste"; es sei lediglich zu fordern, daß die Friedensblockade nur unter

---

[1] Falcke VI und passim.

[2] Ullmann 458/459 (§ 162).

[3] Wie Rolin-Jaequemyns, Chronique, Rev. d. dr. int. XVIII, 619 Note 2 behaupten kann, Calvo komme in der Frage der Friedensblockade zu keiner präzisen Stellungnahme, ist unerfindlich.

[4] Calvo II, 612 (§ 1591).

den Formen und in den Schranken der Kriegsblockade geübt werde[1].

Als Mittel zur Verhütung eines Krieges erscheint die Blockade auch bei **Paul Heilborn**[2] sowie bei **Thomas Barclay.** Der letztere entnimmt aus historischer Betrachtung die Überzeugung, daß die Blockade, wenngleich sie friedliche Menschen treffe, doch der allgemeinen Verwirrung des Krieges gegenüber das mindere Übel darstelle, daher nur lächerliche Prinzipienreiterei die Maßregel als schlecht bezeichnen könne. Der allgemeine Konsens für die Legalität ihrer Übung scheint ihm freilich noch nicht gegeben, eher die Tendenz der Restriktion ihrer Wirkungen auf die unmittelbar Beteiligten. Gleichwohl schwebt ihm eine Praxis vor, die sich auch gegen Unbeteiligte richtet; eine auf die Beteiligten beschränkte Blockade scheint ihm nur unter besonderen Umständen als aussichtsvoll[3].

Jules Basdevant wendet sich energisch gegen die im Jahre 1902 von den Vereinigten Staaten adoptierte Theorie, daß die Blockade Dritte nicht berühren dürfe. Nach ihm muß eine derart restringierte Blockade sich als ungenügend erweisen und den Zwangsübenden veranlassen, zum Krieg überzugehen. Bei solchem Übergang erleide das Verhältnis des Blockierenden zum Blockierten keinerlei Veränderung, wohl aber erwüchsen den dritten Staaten größere Belästigungen und Gefahren. „N'est-ce pas là," so schließt Basdevant[4], „la condamnation par les faits d'une doctrine tirée par deduction abstraite de l'expression — malheureux d'ailleurs — de blocus pacifique?" Ähnlich führt **Marcel Paisant** im Hinblick auf die siamesische Blockade von 1893 aus: „Le blocus pacifique est entré dans les usages internationaux, et, bien qu'il en résulte une situation encore mal définie,

---

[1] Ders. IV, 192 (§ 2703). — Die Auffassung wird wiedergegeben bei Olivart 379 (§ 214).

[2] Heilborn, Völkerrecht (1904) 1054; die tatsächliche Übung wird schon konstatiert im System (1896) 367.

[3] Barclay 478 und 489/490.

[4] Basdevant 425.

qui n'est ni la paix ni la guerre, on a vu plusieurs fois qu'il pouvait être efficace et conjurer des maux plus graves[1]."

III. Einige Autoren endlich greifen über die politische Begründung der Praxis hinaus und versuchen, zugleich eine Begründung aus rechtlichen Gesichtspunkten zu geben.

Als Führer dieser Gruppe ist zu nennen **F. Perels.** Er hat in seinem dem Völkerrechtsinstitut 1887 erstatteten Bericht die Blockade als ein legitimes und humanes Zwangsmittel verteidigt, insbesondere auch ihre Zulassung mit Wirkung gegen Dritte mangels eines entgegenstehenden allgemeinen Rechtssatzes für unbedenklich erklärt[2]. Als Rechtsfolge des Blockadebruchs gegenüber gegnerischen Schiffen nimmt Perels Sequestration an[3]. Anlangend die Behandlung der Schiffe unbeteiligter Nationen hat der Bericht von 1887 Beschlagnahme wie Konfiskation abgelehnt und nur die einfache Hinderung des Blockadebruches vorgeschlagen[4]; der Seerechtstraktat des gleichen Autors (2. Aufl. 1903) führt dagegen aus: „Eine Ungerechtigkeit gegenüber dritten Staaten oder deren Angehörigen kann füglich dann nicht behauptet werden, wenn man Schiffe und Güter der letzteren im Falle des Blockadebruchs nicht der Einziehung, sondern nur einer vorläufigen Festhaltung unterwirft"[5]. Hiernach wird also Sequestration oder Detention zugelassen.

Die Ausführungen des Seerechtslehrers haben sich ver-

[1] Paisant 257; die Stelle findet sich ohne Autorsbenennung bei Ducrocq 156 wörtlich wiedergegeben.

[2] Rapport, Ann. IX, 277 ff. (Rev. d. dr. int. XIX, 246 ff.; Journal XIV, 722 ff.); vgl. auch Seerecht 155. Auf die Ausführungen dieses Autors wird weiterhin (§ 24) mehrfach zurückgegriffen werden.

[3] Ziffer 3 des Projektes Ann. IX, 286 (Rev. 252; Journal 729): „Les navires de la puissance bloquée qui ne respectent pas un tel blocus peuvent être séquestrés. Le blocus ayant cessé, ils doivent être restitués avec leurs cargaisons à leurs propriétaires, mais sans dédommagement à aucun titre."

[4] Ziffer 4 des Projektes a. a. O.: „Les navires de pavillon étranger peuvent simplement être empêchés de passer la ligne de blocus."

[5] Perels, Seerecht 155.

schiedene Autoren mehr oder weniger zu eigen gemacht. **Charles Barès** verteidigt 1898 die historische Form der Blockade, indem er einerseits im Anschluß an Perels ausführt, daß überhaupt jede gewaltsame Aktion unter Staaten die Unbeteiligten berühre, anderseits darauf hinweist, daß die Wirkung der Maßregel gegen Dritte durch die Praxis und den stillschweigenden Konsens der Unbeteiligten sanktioniert sei[1]. Zur inneren Begründung sucht er darzulegen, daß die Maßregel, an sich ein Fortschritt der Humanität, das einzige Mittel zur nichtkriegerischen Beilegung besonders gearteter Staatsstreitigkeiten darstelle[2]. Ebenso rechnet sich **Louis Ducrocq** 1901 unbedingt unter die Parteigänger der Friedensblockade[3], die er in mehrfach wörtlicher Anlehnung an Perels in dessen Sinne auch in ihrer Wirkung gegen Dritte zu begründen sucht[4]. Er glaubt, daß die historischen Fälle, „s'ils ne suffisent pas à légitimer ce mode de contrainte au point de vue juridique, constituent tout au moins et à n'en pas douter un usage international“[5]. Er zweifelt nicht daran, daß die Maßregel, wenngleich noch nicht völlig konsolidiert, doch „arrivera certainement à être une institution du droit publique européen et une règle du droit des gens“[6].

Ein eifriger Verfechter ist der mit den vollen Wirkungen der Kriegsblockade geübten Friedensblockade neuerdings (1908) in **Nils Söderquist** erstanden[7]. Ihm ergibt sich die Rechtmäßigkeit der Übung aus der Geschichte, ihre Humanität aus der Möglichkeit der Vermeidung von Kriegen[8]. Die juristische Konstruktion der Maßregel (blocus pur) ergibt sich ihm aus seiner Auffassung des gesamten Blockaderechts als eines vom Kriegsrecht abweichenden Sonderrechts: „Nous venons de constater que

---

[1] Barès 110 ff.
[2] Ders. 115 ff.; 118 ff.
[3] Ducrocq 80.
[4] Ders. 70.
[5] Ders. 77.
[6] Ders. 91.
[7] Söderquist 134 ff.
[8] Ders. 137/138.

le droit de blocus ne peut être expliqué au moyen des principes établis de la guerre. C'est un jus singulare qui n'y est pas renfermé. Le droit des blocus n'est pas un corollaire du droit de guerre, c'est plutôt un droit coordonné. Il est alors bien difficile de comprendre pourquoi l'on veut en restreindre l'application à l'état de guerre"[1].

IV. Manche Autoren verkennen nicht das Gewicht der Tatsachen, glauben aber eines abschließenden Urteils sich noch enthalten zu müssen. Der schon bei Paisant und Ducrocq hervortretende Gedanke kommt etwas später (1907) zum prägnantesten Ausdruck bei **John Westlake.** Dieser Autor[2] kommt nach Prüfung der Vorgänge von 1884 und 1902 zu dem Schluß: „To sum the matter up, pacific blockade as against the quasi-ennemy is to well established as a recognised institution to be longer attacked with serious hope of success," und weiter: „As against quasi-neutrals the legal position of pacific blockade must be considered as still ambiguous." Westlake fordert jedoch, daß unter keinen Umständen eine Konfiskation von Blockadebrechern erfolge, und glaubt, daß bei den verschiedentlich obwaltenden Bedenken eine legale Anwendung der Maßregel am ehesten noch in der Hand der kollektiv handelnden Großmächte gewährleistet sei. Den herrschenden Rechtszustand kennzeichnet er mit den Worten: „As the matter stands it would be difficult to characterise the pacific blockader who sequestrated quasi-neutral ships as a wrong-doer in an opprobrious sense, but it would difficult to deny to the quasi-neutral the right of refusing to submit to the measure"[3].

---

[1] Ders. 136; vgl. auch 138/139 und 131. Im übrigen stellt sich die Söderquistsche Auffassung dar als die modernisierte Wendung der alten Lehre von Cauchy (oben § 18, II).

[2] Bemerkenswert ist die von Westlake II, 11 ff. durchgeführte Terminologie, welche für die Begriffe der nichtkriegerischen Selbsthilfe die Analogie der Kriegsrechtsbegriffe heranzieht: „quasi-war", „quasi-ennemy", „quasi-neutral".

[3] Westlake II, 16/17. Allerdings hat Westlake sich neuerdings (1909) ziemlich bestimmt gegen die Zulässigkeit der gegen Dritte wirksamen Friedensblockade ausgesprochen; er führt nämlich Pac. Bl. 21/22 aus: „Blockade interfering with third parties, and unaccompanied by a

In ähnlichem Sinne hat schon (1906) **Ferdinand von Martitz** — übrigens in rein positivistischer Darlegung — ausgeführt: „Daß auch eine Friedensblockade repressalienweise verhängt werden darf, ist nach den zahlreichen Präzedenzfällen nicht zu bezweifeln. Freilich hat sich der Rechtssatz, daß auch Schiffe einer dritten nicht einwilligenden Macht die Friedensblockade zu respektieren haben, bis jetzt nicht durchzusetzen vermocht“ [1].

Einen besonderen Weg endlich geht **Thomas Erskine Holland.** Ausgehend von seiner bereits früher (§ 16, I) charakterisierten Dreiteilung der Blockadevorgänge in Fälle der Repressalienübung, der Intervention und der Unterdrückung einer Rebellion, glaubt er der Blockade, je nachdem sie zu der einen oder anderen Klasse gehöre, verschiedene Rechtswirkungen zuschreiben zu müssen. Bei der Repressalienblockade sei nach Praxis und Theorie nur eine Wirkung gegen die Schiffe des Gegners zugelassen; bei den anderen Kategorien könnten auch dritte Staaten Beschränkungen ihrer Handelsfreiheit erleiden. „Third Powers may more fairly be called upon to make this sacrifice when the blockade has a high political object as in a case of intervention, or is a measure of self preservation, such as the suppression of rebellion.“ Solches gelte vornehmlich da, „where the blockade amounts to an intervention not by any one State for the furtherance of its individual advantage, but by the Great Powers, or even by some smaller group of States, in the interest of European peace“ [2].

Ähnliche Gedankengänge entwickelt neuerdings (1908) **Albert E. Hogan,** der nach wenig klaren Ausführungen über die Zulassung einer Blockadewirkung gegen Dritte [3]

---

state of war, is admitted by France alone, and is not a part of the law of nations. Blockade not interfering with third parties . . . is a part of the law of nations. For this alone the name of Pacific Blockade should henceforth be reserved.“

[1] Martitz 459.

[2] Holland 145, vgl. auch 149/150. Siehe dagegen oben § 13 a. E. und § 16 a. E.

[3] Hogan 51 ff., vgl. insbes. 64 und 66/67.

zu dem Resultat gelangt: „Vessels flying the flag of any state other than those blockading or blockaded may not be interfered with except (a) In cases where the blockade has been instituted by the Concert of Europe. (b) With the consent of the state whose flag they fly, such consent to be implied in the absence of any protest from such state. . . . such interference must not go beyond the detention of such vessels during the existence of the blockade“ [1].

V. Zu den angeführten Positivisten seien als weitere Verteidiger der Friedensblockade genannt Den Beer Poortugael, Contuzzi, Desjardins, Matzen, Olivi, Pillet und Poinsard [2].

§ 21.

Theoretiker der künstlichen Limitation.

Der Versuch, die Friedensblockade in künstlich umschriebener Form dem Völkerrecht zu retten, wurde von gewichtigen Autoritäten unternommen.

I. Zunächst sind einige führenden Völkerrechtslehrer für eine enger umschriebene Friedenssperre eingetreten.

Nicht durchweg klar sind die Ausführungen, die **Johann Caspar Bluntschli** in seinem „Rechtsbuch“ (3. Aufl. 1878) gegeben hat. Er geht aus von dem dogmatischen Satze: „Infolge schwerer Rechtsverletzungen kann auch ohne Krieg eine Verkehrssperre (blocus) von der Staatsgewalt gegen den verletzenden Staat verhängt werden.“ Unter dieser „Verkehrssperre“ wird die „Landsperre“ und die „Seeblockade“ begriffen, daher der Maßregel die Definition gegeben wird: sie „untersagt den Angehörigen des betroffenen Staates den Eintritt in das Gebiet des sperrenden Staates oder verhindert den Übergang aus diesem Gebiet in jenes, oder sie hemmt den Warenverkehr

---

[1] Ders. 71. Vgl. dazu die treffende Kritik bei Westlake, Pac. Bl. 22.

[2] Zitiert und besprochen bei Perels, Seerecht 154/155.

von einem Gebiet zum anderen oder die Ein- und Ausfahrt der Schiffe" [1]. Nachdem aber als Beispiel der Friedensblockade unter anderen die auch gegen Schiffe Unbeteiligter gerichtete mexikanische Blockade von 1838 genannt worden ist, wird der weitere Lehrsatz aufgestellt: „Die neutralen Staaten erkennen kein Prisengericht an, wenn die Seeblockade nicht zugleich Kriegsblockade ist, und sind berechtigt, für die neutralen Schiffe freie Ein- und Ausfahrt zu fordern"; zur Begründung wird ausgeführt: „Nur der Krieg als Notstand rechtfertigt die strengen Grundsätze, welche in das Völkerrecht über die Blockade und das Prisenverfahren aufgenommen sind, der Friedenszustand nicht" [2]. Diese Sätze lassen, auch abgesehen von dem Gebrauch des Ausdruckes „neutral", eine genügende begriffliche Scheidung der nichtkriegerischen von der kriegerischen Blockade durchaus vermissen.

Pasquale Fiore — dessen verschwommene Definition der „Handelssperre" (blocco commerciale) an Bluntschli anklingt [3] — hält in seinem Völkerrechtstraktat (3. Aufl. 1887—1891) die Blockade auch im Frieden als Mittel zur Vermeidung der schlimmen Übel eines Krieges für unbedenklich [4]. Er glaubt sie allerdings durch eine der alten Eroberungstheorie analog gehende Okkupationstheorie stützen zu müssen: ein Souverän, der die Territorialgewässer eines andern Souveräns durch Aufstellung einer Blockade „okkupiert" habe, werde diesem in der Ausübung der Souveränitätsrechte substituiert und könne somit den Schiffen anderer Staaten auf dem okkupierten Gebiet den Handel und Zutritt zu den betreffenden Häfen verbieten, ohne freilich hierbei ein Recht der Konfiskation solcher

[1] Bluntschli 284/285 (§ 506).

[2] Ders. 285 (§ 507).

[3] Fiore II, 604: „... il blocco commerciale, il quale consiste nell' impedire il transito delle mercanzie provenienti dallo Stato, contro il quale il blocco sia dichiarato, o nel negare ai cittadini die detto Stato di trafficare e commerciare nel paese che abbia posto il blocco, e interrompere cosi tutte le relazioni commerciali tra i due paesi."

[4] Ders. II, 604 (§ 1324).

Schiffe zu erlangen[1]. Daß Fiore mit dieser Ausführung merkwürdigerweise eine Wirkung der Blockade gegen Dritte nicht begründet wissen will, ergiebt sich aus einer andern Stelle, wo der Friedensblockadezwang ausdrücklich auf die Untertanen der beteiligten Mächte beschränkt wird[2].

August von Bulmerincq, der 1875 (siehe unten II) die Blockade nur in der Qualifikation als Kriegsblockade zugelassen und 1881[3] ihre Anwendung als zweifelhaft bezeichnet hatte, hat sich in seinem „Völkerrecht" von 1884 in dem Sinne ausgesprochen, daß die Friedensblockade als Repressalie zulässig sei, daß aber die vorliegende Praxis, als aus politischer Willkür hervorgegangen, eine Rechtsübung nicht habe begründen können[4]. In seiner Monographie vom gleichen Jahre sowie in den „Staatsstreitigkeiten" von 1889 gibt er die näheren Ausführungen dahin, daß zwar den Formen, in denen die Blockade bisher geübt worden sei, die Anerkennung versagt werden müsse, daß aber Friedensblockaden an sich — als ein minderes Übel denn Krieg — zulässig seien, insofern sie „ausgeübt werden: 1. unter dem Rechtstitel der Repressalien und 2. nach den für die Repressalien festgesetzten Regeln, und 3. eine in der Blockadeerklärung benannte iusta causa haben; 4. sollen nur Schiffe der blockierenden Macht sequestriert und freigegeben werden, nachdem den Verpflichtungen Genüge geleistet worden, deren Erfüllung die Blockade zu sichern zum Zweck hatte; 5. sollen die neutralen Schiffe nur gehindert werden, in die blockierte Zone einzudringen oder sie zu verlassen, weder aber sequestriert noch konfisziert werden; 6. muß die Friedensblockade wie die Kriegsblockade deklariert, notifiziert und effektiv sein und den neutralen Schiffen eine genügende (vier- bis sechswöchentliche) Frist zugestanden werden, um ihre Beladung zu beenden und die

[1] Ders. II, 605/606 (§ 1325).
[2] Ders. III, 479.
[3] Bulmerincq, Repressalien 446.
[4] Ders., Völkerrecht 370.

blockierten Orte zu verlassen; 7. muß die Blockade gehoben werden, sobald die Verbindlichkeit, welche sie erforderlich gemacht hat, durch die blockierte Macht erfüllt ist"[1].

Im übrigen hat sich Bulmerincq, der ebenfalls von „Neutralen" spricht, nicht immer sehr klar ausgedrückt; die von ihm aufgestellte Bedingungsreihe enthält offensichtliche Tautologieen[2].

II. Bedeutsam wurde, daß sich das **Institut de droit international** mit dem Problem befaßte.

Schon in der Haager Sitzung von 1875 hatte das Institut dazu Stellung genommen, indem die mit Prüfung der Verhältnisse des Privateigentums im Seekrieg befaßte fünfte Kommission[4] in das an ihre Mitglieder gerichtete „questionnaire" die Frage aufnahm: „Le blocus pacifique constitue-t-il . . . un moyen de contrainte régulier pouvant donner lieu à la saisie et à la confiscation des navires qui tenteraient de le rompre?" Nach dem Vortrag des Berichterstatters Alb. Rolin ist damals diese Frage von der Mehrzahl der Stimmen verneint worden, insbesondere von Westlake und Woolsey; Bulmerincq wollte die Friedensblockade nur als isolierten, aber vollwertigen Kriegsakt anerkannt wissen.

Eingehender beschäftigte sich das Institut mit der Sache auf seiner Tagung in Heidelberg 1887[5]. Hier wurde am 7. September die von der sechsten Kommission geprüfte Frage zur Diskussion gestellt; als Berichterstatter trat in Perels ein warmer Verteidiger, als Gegenberichterstatter in Geffken ein scharfer Gegner der Maßregel auf den

---

[1] Ders., Staatsstreitigk. 124/125 und ebenso Blocus pacifique 578/579.

[2] Nicht zu loben ist, wenn Bulmerincq (Blocus pacifique 573; Staatsstreitigk. 119 und 121) die „Blockade" von Rio de Janeiro aufgrund eines offenbar irrigen Referates bei Fauchille ohne Nachprüfung des Tatbestandes einer abfälligen Kritik unterzieht.

[3] Rev. d. dr. int. VII, 555 und 611/612.

[4] Dieser Kommission (vgl. a. a. O. 553) gehörten u. a. die ältesten Theoretiker der Friedensblockade, Cauchy und Hautefeuille, als Mitglieder an.

[5] Ann. IX, 275 ff.; den Vorsitz führte Bulmerincq.

Plan[1]. Des letzteren Auffassung, die schlechthin die Verwerfung der Maßregel verlangte, fand nur bei Neumann und Martens Unterstützung[2]. Als Grundlage der Beratung diente der von Perels ausgearbeitete Entwurf, der die Friedensblockade unter den Rechtsformen der Kriegsblockade und mit der Wirkung zulassen wollte, daß die Schiffe des Blockierten nur sequestriert, die Schiffe der Unbeteiligten nur an der Überschreitung der Blockadelinie gehindert würden[3]. Doch erlitt dieser Vorentwurf beträchtliche Abänderungen. Abgelehnt wurden zwar die Amendements Holland und Westlake, welche die Wirkungen der Blockade ausdrücklich und schlechthin auf die Fahrzeuge der quasi-feindlichen Macht beschränken wollten[4]. Abgelehnt wurde ferner die vom Generalsekretär Rolin-Jaequemyns und von Lehr diskutierte Fassung, wonach die Freiheit des unbeteiligten Handels in Ansehung der „Kriegskonterbande" eine Ausnahme erleiden sollte[5]. Auch der Vorschlag Brusa, der die Anwendung der Maßregel ausschließlich in die Hände des europäischen Konzerts gelegt, sowie der Vorschlag Koenig, der sie als „mesure de police" unbeschränkt zugelassen wissen wollte[6], haben eine weitere Beachtung nicht gefunden. Dagegen wurde die von Rolin-Jaequemyns vorgeschlagene Umgestaltung des Vorentwurfes teils mit Einstimmigkeit, teils mit großer Mehrheit angenommen[7]. Das Ergebnis war folgende Deklaration[8]:

---

[1] Rapport de M. Perels, Ann. 276—286; vorher veröffentlicht in der Rev. d. dr. int. XIX, 245—252, abgedruckt im Journal XIV, 721—729. Contrerapport de M. Geffken, Ann. IX, 286—295; Rev. d. dr. int. XIX, 377—388; Journal XV, 585—591.

[2] Ann. IX, 296.

[3] Ann. IX, 286 (Rev. 252, Journal 729).

[4] Ann. IX, 297/299; dem ersteren Amendement hatte sich Martens angeschlossen.

[5] a. a. O. 297 und 300; ähnlich wollte Brusa a. a. O. 298 hinsichtlich der Konterbande eine Ausnahme statuieren.

[6] a. a. O. 298.

[7] a. a. O. 299/300. Irrtümlich Barès 150: „le sécrétaire général Rivier."

[8] Déclaration votée par l'Institut concernant le blocus en dehors

„L'établissement d'un blocus en dehors de l'état de guerre ne doit être considéré comme permis par le droit des gens que sous les conditions suivantes:

1° Les navires de pavillon étranger peuvent entrer librement malgré le blocus;

2° Le blocus pacifique doit être déclaré et notifié officiellement, et maintenu par une force suffisante;

3° Les navires de la puissance bloquée qui ne respectent pas un tel blocus peuvent être sequestrés. Le blocus ayant cessé, ils doivent être restitués avec leurs cargaisons à leurs propriétaires, mais sans dédommagement à aucun titre".

III. Ganz offensichtlich standen die Verhandlungen des Instituts unter dem Einfluß ihrer Zeit. 1884 die mit der Rechtsidee des Friedens schlechterdings unvereinbaren Ereignisse in Ostasien, 1886 die erfolgreiche und im Interesse des europäischen Friedens begrüßenswerte griechische Blockade, — diese beiden markanten Vorgänge konnten ihren Eindruck auf die Zeitgenossen nicht verfehlen[1]. So hat das Institut, das im Jahre 1875 die Friedensblockade mit Wirkung gegen Dritte nicht überhaupt, sondern nur im Hinblick auf die prätendierte Konfiskation der Blockadebrecher verworfen hatte[2], im Jahre 1887 sich gedrungen gefühlt, die im vorhergehenden Jahre gewahrte Freiheit des unbeteiligten Handels zur notwendigen Bedingung der Maßregel zu erheben. Es muß dahingestellt bleiben, ob nicht das Institut unter andern Zeitläuften zu einem andern Ergebnis gekommen sein würde.

Gleichwohl fehlt es nicht an Stimmen, die in der

---

de l'état de guerre, Ann. IX, 300/301; Rev. d. dr. int. XIX, 361; Journal XV, 592. Die zweite Regel der Deklaration ist mit Westlake, Pac. Bl. 20 gegen Hogan 34 dahin auszulegen, daß das Institut nur Notifikation an den Gegner, nicht auch an Dritte verlangt.

[1] Das der Sitzung von 1887 vorangeschickte Zirkular des Instituts tut gerade dieser beiden Fälle besondere Erwähnung: Ann. IX, 275; Rev. d. dr. int. XIX, 125. Vgl. auch Barès 151.

[2] Dieser Umstand hat in der Literatur keine genügende Beachtung gefunden; vgl. oben sub II die Fragestellung von 1875.

Deklaration von 1887 den Ausdruck der maßgebenden Lehrmeinung erblicken und sich die Grundsätze sei es des Instituts, sei es der Blockade von 1886 vorbehaltlos zu eigen machen.

Vollkommen auf den Standpunkt des Instituts stellt sich **Paul Lafargue** und, soweit ersichtlich, auch **L. Oppenheim**[1]. Die Beschränkung der Blockadewirkungen im Sinne des Instituts erscheint als Rechtssatz neuerdings bei **Hogan** und **Westlake**[2]. Desgleichen scheint sich **Ernest Nys**, der 1881 die Blockade als Kriegsakt und ihre Anwendung im Frieden als Widerspruch bezeichnete, in seinem „Völkerrecht" des Jahres 1906 den Grundsätzen des Instituts anzuschließen[3]. Diese Grundsätze billigt auch **Antoine A. Rontiris**[4], der gleichzeitig einen interessanten Versuch zur Begründung der Zwangsmaßregel gibt; die hartnäckige Wiederkehr ihrer Anwendung entspringt für ihn aus dem Gefühl eines neuen Bedürfnisses im Rechtssystem, daher die von der Praxis in ihrer historischen und zufälligen Form gebotene Maßregel nicht kurzerhand zu verwerfen, sondern nach den Gesetzen der moralischen Notwendigkeit zu analysieren und in ihren rechtlich brauchbaren Elementen festzuhalten sei[5].

Die Deklaration von 1887 in Verbindung mit den Regeln von 1886 wird für maßgebend erachtet von **P. Pradier-Fodéré**[6]. Nach **Charles L. Nordon** neigt die allgemeine Praxis der Gegenwart den Grundsätzen von 1850 (!) und 1886 zu[7]. **Will. Edw. Hall** findet es erstaunlich, daß überhaupt jemals daran gedacht worden sei, den

---

[1] Lafargue 93; Oppenheim II, 46.

[2] Hogan passim, besonders 31, 51 ff.; allerdings verkennt Hogan nicht die Tatsache, daß die Ausdehnung der Blockadewirkungen auf Dritte von der Praxis vielfach anerkannt und deshalb nicht ganz von der Hand zu weisen ist, vgl. oben § 20, IV a. E. Westlake, Pac. Bl. 21/22, siehe oben § 20, IV a. A.

[3] Nys, Guerre maritime 69 und Droit international III[1], 93.

[4] Rontiris 237.

[5] Ders. 234.

[6] Pradier-Fodéré V, 772.

[7] Nordon 187.

Wirkungen einer im Frieden geübten Maßregel auch Dritte zu unterwerfen; dagegen scheint ihm eine Blockade in der 1886 angewandten Form als ein brauchbares Zwangsmittel[1]. Nach **Hannis Taylor** ist die Blockade in der nicht gegen den unbeteiligten Handel gerichteten und von Fiore gutgeheißenen Form ein Teil des internationalen Rechtes geworden. Die Form von 1886 billigt **Rolin-Jaequemyns**[2].

Auch **T. J. Lawrence** hält die Blockade für zulässig unter den Bedingungen von 1886 und 1887[3]. Er muß aber als ehrlicher Positivist mit Bedauern konstatieren, daß die Großmächte 1897 wieder von diesen Prinzipien abgewichen seien, und klagt: „Their proceedings have thrown the whole law of Pacific Blockade back into obscurity"[4]. — In diesen Worten liegt das Eingeständnis, daß sich die neuere Praxis nicht mit den Grundsätzen des Instituts deckt. Wäre es nicht logischer, statt mit Lawrence die Staatenübung der Abweichung von der Regel zu bezichtigen, den Vorwurf gegen die Wissenschaft zu kehren, daß sie, nur zur Reproduktion des Rechts berufen, unter dem Eindruck eines Einzelvorganges Beschränkungen aufstellte, an die sich zu binden die rechtsschöpfende Praxis nicht gesonnen war?

Zweites Kapitel.

Die Rechtfertigung der Friedensblockade.

§ 22.

Gang der Untersuchung.

Die meisten Versuche, die Friedensblockade theoretisch zu erfassen, zu rechtfertigen oder zu verwerfen, leiden Not unter der Verwechselung von Rechtsschöpfung und Rechts-

[1] Hall 386 ff. (§ 121), insbes. 388/389.
[2] Taylor 445; Rolin-Jaequemyns a. a. O. 621.
[3] Lawrence 297/298 (§ 159).
[4] Ders. 298 Note 3, vgl. auch 671.

darstellung einerseits, unter der Vermengung rechtlicher und politischer Anschauung anderseits. Zu positiv richtigem Ergebnis kann die Untersuchung nur führen, wenn sie zum Ausgangspunkt nimmt jene Gestaltung der Friedensblockade, die durch die allgemeine Anerkennung der Staatengemeinschaft, die einzige Schöpferin des Völkerrechts, sanktioniert ist. Das so gewonnene positive Bild des Zwangsmittels ist hierauf in seinen rechtlichen und — in scharfer Scheidung davon — in seinen politischen Beziehungen zu betrachten. Die erste Betrachtungsweise klärt das Problem de lege lata, die zweite das Problem de lege ferenda.

Es ergibt sich darnach folgende Fragestellung:

1. Ist die Friedensblockade von der Völkerrechtsgemeinschaft — sei es durch ausdrückliche Abmachung oder durch stillschweigende Staatenübung — als Institution des Völkerrechts anerkannt, mit anderen Worten, ist die Friedensblockade eine rechtliche Tatsache? Und in welcher Form ist die Maßregel zur Rechtstatsache geworden?

2. Wie gliedert sich das faktisch vorhandene Institut dem theoretischen System des Völkerrechts ein? Wie verträgt sich das in ihr ruhende Rechtsprinzip mit den allgemeinen Grundsätzen des Völkerrechts?

3. Welches ist vom Standpunkt moderner Kulturanschauung aus die ethische Wertung des Institutes? Ist in politischer Hinsicht sein Fortbestand, sein Ausbau oder seine Wiederabschaffung zu wünschen?

Die Beantwortung dieser Fragen läßt sich nach den vorangegangenen Erörterungen in aller Kürze geben.

§ 23.

Die Tatsache der Friedensblockade.

Die Betrachtung der historischen Vorgänge führt zu der Erkenntnis, daß das Selbsthilfemittel der Friedensblockade wenn auch nicht in internationalen Vereinbarungen, so doch in der Staatenübung Anerkennung gefunden und in seinen

Voraussetzungen und Bedingungen eine gewisse greifbare Form angenommen hat.

I. Die grundsätzliche Anerkennung der Maßregel dokumentiert sich in einer fortlaufenden Übung.

Der früher erhobene Einwand, es könnten nur wenige vereinzelte Anwendungsfälle angeführt werden[1], ist heute nicht mehr möglich. 15 oder, wenn man die Projekte nicht mitrechnen will, 12 Vorgänge innerhalb eines Zeitraumes von 75 Jahren bedeuten für ein völkerrechtliches Zwangsmittel von derart einschneidender Wirkung geradezu eine Häufung von Anwendungsfällen. Dies wird heute wohl allgemein zugegeben nicht nur von den früher aufgeführten Theoretikern der tatsächlichen Übung und der rechtlichen Limitation, sondern auch von prinzipiellen Gegnern jeglicher Form der Friedensblockade[2].

Die fortlaufende Staatenübung ist aber nicht eine bloß zufällige, nicht bloß aus den Zweckmotiven des Augenblicks hervorgegangen, sondern der Ausfluß einer Rechtsüberzeugung der Staaten[3]. Das ergibt sich daraus, daß die Praxis durchweg von den unbeteiligten Nationen respektiert wurde. Schon Hautefeuille hat die Bedeutung dieses Umstandes erkannt, da er zu seiner Entkräftung behaupten wollte, es seien die Blockaden immer nur als Kriegsblockaden respektiert worden[4]. Mit Recht bemerkt Pradier-Fodéré,

---

[1] So spricht noch Geßner, Droit des neutres 237 von „4 bis 5 isolierten Fällen;" ähnlich ders., Blockaden 394.

[2] Vgl. oben § 20 a. A. — Es dürfte aus der geschichtlichen Darstellung auch ersehen werden, daß die Praxis der Friedensblockade durchaus nicht so willkürlich und prinzipienlos gewesen ist, als sie von den Gegnern der Maßregel oft hingestellt wird.

[3] Es wird hier zunächst nur auf die subjektive Rechtsüberzeugung der Staaten abgehoben; verschieden davon ist die auf der Gewißheit allseitiger Anerkennung und Begründbarkeit (vgl. § 24) beruhende Überzeugung des objektiven Beschauers. Wenn von einigen Autoren (siehe oben § 9, S. 63 N. 2, dazu Bulmerincq, Bloc. pac. 572 ff) betont wird, daß die Blockadefälle aus Motiven der Selbstsucht und Willkürpolitik hervorgingen, so mag dies für einzelne Fälle zutreffen. Aber auch ein politisch verwerfliches Motiv kann zur Aufgreifung wirklicher Rechtsansprüche und zur Anwendung rechtmäßiger Mittel Anlaß geben.

[4] Hautefeuille II, 284/285.

daß eine derartige Argumentation nicht ernst zu nehmen sei[1]. Zwar hat es nicht an Protesten gegen die Staatenübung gefehlt[2]. Doch richteten sich die meisten dieser Gegenäußerungen nur gegen die Schroffheiten der älteren Praxis oder aber gegen Maßregeln, die gar nicht als Friedensblockaden in Frage kommen, wie namentlich gegen die englischen Repressalien im Pacificofall und die französische Formosablockade[3]. Die von den Vereinigten Staaten von Amerika gegen eine friedliche Blockierung von Venezuela 1902 erhobenen Bedenken endlich waren, wie bereits oben (§ 15, II) angedeutet, weniger der Ausfluß einer Rechtsüberzeugung als ein Symptom panamerikanischer Politik.

Es kann auch nicht behauptet werden, daß die Diplomatie der Maßregel die Anerkennung versagt habe. Zutreffend bemerkt Westlake, daß der Ausdruck „Friedensblockade" im diplomatischen Verkehr bis in die neueste Zeit niemals gefallen sei[4]; doch kommt es nicht auf die Ausdrucksweise, sondern auf das tatsächliche Handeln der leitenden Staatsmänner an. Dieses Handeln aber spricht in keinem Falle gegen eine aus Rechtsüberzeugung fließende Staatenübung. — Daß sich der türkische Reis Effendi nach der Schlacht bei Navarin in drastischen Worten über die Unmöglichkeit eines friedlichen Zwanges geäußert hat,

---

[1] Pradier-Fodéré V, 750/751.

[2] Unrichtig ist es, wenn Ducrocq 69 Note 2 behauptet, es sei außer dem Protest der Hansastädte von 1838 keinerlei weiterer Protest erfolgt; weitere Proteste aus der Zeit der Hauptperiode siehe bei Falcke 37 Note 12 (Zeitschr. 125 ebenda). Eine Zusammenstellung von Protesten siehe auch bei Hogan 61 ff.

[3] Auch in der Wissenschaft wurden vielfach Erörterungen gegen die Friedensblockade auf Maßregeln gegründet, die zu Unrecht diese Bezeichnung tragen; derartige Ausführungen sind natürlich, wie die gegen solche Maßregeln gerichteten Proteste, für das Problem der Friedensblockade absolut beweislos.

[4] Westlake II, 12. Nach Rolin-Jaequemyns, Chronique, Rev. d. dr. int. XVIII, 619 hat allerdings anläßlich der Blockade von 1886 im englischen Unterhaus der Unterstaatssekretär Bryce die ausdrückliche Erklärung abgegeben, daß es sich um eine Friedensblockade handle. Vgl. ferner oben § 15, I.

ist sattsam vermerkt worden[1]; daß der Zornesausbruch des Unterlegenen zum Nachweis einer Rechtsüberzeugung nicht angeführt werden kann, bedarf keiner besonderen Betonung. — Bis zum Überdruß ist die Tatsache vermerkt worden, daß Palmerston in einem Brief vom 7. Dezember 1846 im Hinblick auf die damalige Intervention am Laplata die Friedensblockade als unzulässig bezeichnet hat[2]. Der Ausspruch wird von Geffken[3] als das „frappanteste Zeugnis" gegen die Maßregel bezeichnet. Es hat aber derselbe Palmerston anläßlich der neugranadischen Blockade von 1837 dem englischen Geschwaderführer für sein „able, firm and judicious (!) conduct" vollste Anerkennung aussprechen lassen[4], der Hinweis hierauf sowie auf die brutale Vergewaltigung Griechenlands durch denselben Staatsmann im Jahre 1850 dürfte genügen, um den realen Wert jenes vielzitierten Zeugnisses darzutun. Ganz richtig deutet Falcke auf die rein politischen Beweggründe der verschiedenen Meinungsäußerungen hin[5]: die Blockade von 1837 führte rasch zum Ziel, die Blockade von 1845 erwies sich trotz großen Kostenaufwandes in der Hauptsache als ergebnislos. — Viel zitiert[6] wird auch der oben mitgeteilte Ausspruch,

---

[1] Die Äußerung findet sich u. a. zitiert bei Barès 64; Ducrocq 62; Falcke 74 Note 1 (Zeitschr. 78 ebenda); Geffken, Contrerapport, Ann. IX, 287 (Rev. 378; Journal 586); Geßner, Droit des neutres 237; Hautefeuille II, 275 Note 1; Hogan 76; Imbart-Latour 352; Lafargue 198; Pradier-Fodéré V, 743.

[2] Der Ausspruch wird zitiert und kommentiert u. a. von Barclay 481; Barès 67 und 95; Ducrocq 84; Falcke 19 Note 24 und 38 Note 14 (Zeitschr. 125 Note 14); Fauchille 54 Note 1; Geffken, Contrerapport, Ann. IX, 292 (Rev. 381; Journal 589); Neutralität 747; Völkerrechtl. Fragen 154; Glass 457; Hall 388; Hogan 104; Holland 142; Kleen I, 646 Note 1; Pradier-Fodéré V, 760; Rolin-Jaequemyns, Chronique, Rev. d. dr. int. XVIII, 620 Note 2; Rontiris 235; Westlake, Pac. Bl. 18.

[3] Contrerapport a. a. O.

[4] Falcke 7 Note 12 (Zeitschr. 100 ebenda).

[5] Ders. 38 Note 14 (Zeitschr. 126 ebenda).

[6] Barès 91; Ducrocq 83; Falcke 27 Note 16 (Zeitschr. 117 ebenda); Geffken, Contrerapport, Ann. IX, 292 (Rev. 381; Journal 589); Heffter-Geffken 243 Note 5; Neutralität 747; Völkerrechtl. Fragen 154; Geßner, Droit des neutres 236; Hogan 90; Pistoye et Duverdy I, 376; Wagner 80; Wharton III, 408.

mit dem Guizot 1841 die argentinische Blockade zu rechtfertigen suchte[1]; seine Erwähnung des „unvollständigen Krieges“ beweist indes nur, wie wenig man sich damals noch über den Begriff der nichtkriegerischen Selbsthilfe klar geworden war. — Was endlich mit der Anführung[2] der gleichfalls früher mitgeteilten Prisenentscheidung des französischen Staatsrates vom März 1848[3] gegen die Zulässigkeit friedlicher Blockaden dargetan werden will, ist unerfindlich; gerade jenes Urteil hat den Unterschied zwischen kriegerischer und nichtkriegerischer Blockade und damit die Möglichkeit der letzteren scharf hervorgehoben[4].

II. Gegenüber der Tatsache der fortlaufendenden Praxis wird nun vielfach geltend gemacht[5], daß die Friedensblockade dem geschriebenen internationalen Recht fremd sei.

Aus dem Umstand, daß alle Vereinbarungen über das Blockaderecht — vor allem die Pariser Deklaration von 1856 — nur von der kriegerischen Blockade handelten, folgert man, daß durch diese Vereinbarungen von den Vertragsmächten der friedlichen Blockade die Anerkennung versagt worden sei. Das ist eine wundersame Argumentation. Berechtigt etwa der Umstand, daß ein Rechtsverhältnis in einem Vertrage nicht erwähnt wird, zu dem Schlusse, daß die Kontrahenten dieses Rechtsverhältnis nicht anerkennen? Ist etwa daraus, daß die Haager Konferenz von 1899 nur die Gesetze und Gebräuche des Landkrieges festgelegt hat, zu entnehmen, daß die Konferenz dem Seekriegsrecht ihre Anerkennung versagte? Jene Argumentation wird überhaupt nur verständlich, wenn man

[1] Siehe oben § 9, S. 66 Note 2.

[2] Z. B. bei Bluntschli 285; Rivier, Principes II, 199; Rontiris 236; Woolsey 192.

[3] Siehe oben § 10, I, S. 70 a. E.

[4] Ganz zutreffend Geßner, Droit des neutres 235.

[5] Fauchille 43/45; Geffken, Contrerapport, Ann. IX, 291 (Rev. 380; Journal 588); Geßner, Droit des neutres 237; Hautefeuille II, 278; Kleen I, 644 und 651; Testa 132. Der Londoner Vertrag vom 6. Juli 1827, der tatsächlich nichtkriegerischen Zwang vorsah (siehe oben § 6, II), ist nach Hautefeuille II, 279 nur als „loi interieure“ (!) zu betrachten.

davon ausgeht, daß nach der Anschauung ihrer Urheber die kriegerische und die friedliche Blockade in ihrem Wesen sich decken. Hierin aber liegt eben der Fehler. Die Friedensblockade als nichtkriegerisches Selbsthilfemittel ist zwar ihrer Form nach der Kriegsblockade ähnlich, ihrem Wesen nach jedoch grundverschieden. Die Nichterwähnung eines Friedensrechtssatzes in kriegsrechtlichen Verträgen beweist nichts gegen seine Anerkennung[1]. Daß die nationale Gesetzgebung, insbesondere die Prisengesetzgebung, nur auf die Kriegsblockade abhebt, vermag aus dem gleichen Grunde einen Gegenbeweis gegen die Anerkennung der Friedensblockade nicht abzugeben. Noch harrt das ganze System der nichtkriegerischen Selbsthilfe seines Ausbaues durch Gesetz und Vertrag.

Im übrigen wird die Behauptung, daß die Friedensblockade dem Vertragsrecht fremd sei, immer haltloser. Neuere Verträge erwähnen die „Blockade" neben dem Krieg und lassen damit die Möglichkeit offen, auch eine Friedenssperre darunter zu begreifen[2]. Noch bezeichnender ist es, wenn die Londoner Seekriegsrechts-Erklärung vom 26. Februar 1909 nicht von Blockade schlechthin spricht, sondern — offenbar im Hinblick auf die Möglichkeit einer im Friedenszustand geübten Blockade — von „Blockade in Kriegszeiten"[3]. Endlich findet die Friedensblockade als solche in modernen Schiedsverträgen ausdrückliche Erwähnung[4].

III. Wie schon früher (§ 16, III) ausgeführt, hat die Staatenübung auch eine bestimmte historische Form

[1] Zutreffend Calvo IV, 192; Perels, Seerecht 155; Pradier-Fodéré V, 752 Note 2.

[2] Vgl. z. B. den Vertrag zwischen Großbritannien und den Vereinigten Staaten vom 18. November 1901 über die Erbauung eines Schiffahrtskanals zwischen dem Atlantischen und Stillen Ozean (Staatsarchiv LXVI, 213 ff. Nr. 12638) Art. III Ziffer 2: „The canal shall never be blockaded, nor shall any right of war be exercised nor any act of hostility be committed within it."

[3] Déclaration relative au droit de la guerre maritime, chap. 1er: „Du blocus en temps de guerre," in Niemeyers Zeitschrift XIX, 342.

[4] Söderquist 137 Note 1.

der Friedensblockade herausgebildet, die Form einer gegen Schiffe aller Nationalitäten gerichteten Sperre. Wenn demgegenüber versucht wird, die auf die Schiffe der Beteiligten beschränkte Blockade von 1886 als Ideal der Praxis hinzustellen [1], oder gar unter Heranziehung der „Blockade von 1850" eine fortlaufende Übung der restringierten Blockadeform zu konstruieren [2], so ist zunächst daran zu erinnern, daß der Pacifico-Fall für die Blockadefrage ausscheidet [3] und sonach nur der eine Vorgang von 1886 in Rede stehen kann. Dieser vereinzelte Vorgang aber läßt derartige Schlüsse nicht zu; die Tatsache, daß gerade die jüngere Praxis den Grundsätzen von 1886 nicht wieder beigetreten ist, zeigt deutlich, daß es sich hier nur um eine singuläre Restriktion, nicht um den Ausdruck einer dauernden Rechtsüberzeugung handelte.

IV. Es ergibt sich:

Die historische Form der Friedensblockade ist die einer gegen die Fahrzeuge der beteiligten wie der unbeteiligten Nationen wirksamen Sperre. In dieser Form ist die Friedensblockade von der Staatenpraxis des 19. und des beginnenden 20. Jahrhunderts als ein rechtlich zulässiges Zwangsmittel angesehen und in fortlaufender Übung zur Anwendung gebracht worden.

§ 24.

Das Rechtsprinzip der Friedensblockade.

Mit der Konstatierung einer aus der subjektiven Rechtsüberzeugung der Staaten hervorgegangenen Übung ist noch nicht dargetan, daß die Friedensblockade ein Rechtsinstitut ist. Die Übung der Staaten kann sich auf einem

---

[1] Siehe oben § 21, III.

[2] Hall 387; Nordon 187; Rontiris 236 und 237 Note 1; Westlake, Pac. Bl. 20 zieht noch die „Blockade von 1862/63" heran.

[3] Vgl. oben § 8, S. 51 Note 1.

falschen Geleise bewegen, sie kann unvermerkt im Widerspruch stehen mit Grundsätzen, an denen die gleichen Staaten niemals zu rütteln dachten. Solange eine Übung lediglich subjektiv anerkannt und nicht objektiv mit dem gesamten Rechtssystem in Einklang gebracht ist, kann sie nicht als ein Rechtsinstitut, sondern nur erst als ein internationaler Gebrauch bezeichnet werden. Ein derartiger Gebrauch kann von der objektiv urteilenden Wissenschaft kritisiert, gegebenenfalls bekämpft und verworfen werden[1].

I. Unstreitig ist die Praxis der Friedensblockade verhältnismäßig jung, die rechtsbildende Übung erst von verhältnismäßig kurzer Dauer. In der Tat wurde die Neuheit der Erscheinung für ältere Autoren zu einem Grunde ihrer Ablehnung[2]. Noch Bulmerincq glaubte, aus der ihm vorliegenden Staatenübung ein allgemein maßgebendes Recht nicht ableiten zu können[3]: Neuere wollen die Friedensblockade zwar als einen internationalen Gebrauch, nicht aber als Rechtsinstitut anerkennen[4]. Baty hält die Praxis eben ihrer Neuheit halber für „insolent" und verwerflich (siehe oben § 18, III); demgegenüber haben Verteidiger wie auch Gegner der Maßregel ausdrücklich betont, daß die Neuheit der Praxis einen Grund für ihre Verwerfung nicht bilden könne[5]. Genauer wird man sagen

---

[1] Insofern ist es berechtigt, wenn Baty 609 bemerkt, daß auch die tatsächliche Übung vom juristischen Standpunkt aus freimütig getadelt werden dürfe. Freilich zeigt sich gerade bei der Friedensblockade, daß selbst in jahrzehntelangem Ringen die Theorie zu einem abschließenden Urteil nicht gelangen konnte. Denn die mehrfach wiederkehrende Behauptung, die Maßregel werde von der Wissenschaft fast einstimmig abgelehnt, widerlegt sich mit einem Blick auf die oben §§ 17—21 gegebene Darstellung ber bisherigen Theorie. Wohl ist die Zahl der Gegner größer als die der Verteidiger, doch überwiegt die Lehre der ersteren bei weitem nicht in dem Maße, daß sie als die herrschende zu bezeichnen wäre.

[2] Vgl. Hautefeuille II, 279.

[3] Blocus pacifique 574; Staatsstreitigkeiten 121.

[4] So Paisant und Ducrocq, vgl. oben § 20, II und III.

[5] Perels, Rapport, Ann. IX, 278 (Rev. 248; Journal 722); Pradier-Fodéré V, 751; Rontiris 226; Geffken, Contrerapport, Ann. IX, 288 (Rev. 378; Journal 586).

müssen: Die Neuheit einer Erscheinung des Rechtslebens bildet insoweit keinen Grund zu ihrer Bekämpfung, als die Neuerscheinung sich als organische Fortbildung aus den bisherigen Grundlagen heraus erklären läßt.

Diese Voraussetzung trifft für die Friedensblockade zu. Daß sich die Maßregel dem Rechtssystem als eine einzelne Form der Repressalien einfügt, wurde bereits früher (§ 3, III) dargetan; verschiedentlich wird ihre Repressaliennatur ausdrücklich hervorgehoben[1]. Auch dem Entwicklungsgange des Repressalienrechtes gliedert sich die Blockadepraxis zwanglos an. Es wurde gezeigt, wie die moderne Entwicklung des Repressalienrechtes sichtlich nach einer Erweiterung des Kreises der Möglichkeiten nichtkriegerischer Selbsthilfe strebte (§ 5, I); es wurde ferner gezeigt, wie im Laufe des 19. Jahrhunderts die Staatenpraxis schrittweise von den milderen Formen seerechtlichen Zwanges zu den schärferen Formen überging, vom Embargo im engeren zum Embargo im weiteren Sinne und endlich zur Blockade (§ 16, II). In diesem der modernen Völkerrechtsepoche eigentümlichen Streben nach Schaffung immer wirksamerer und umfassenderer Mittel nichtkriegerischer Selbsthilfe bildet heute die Friedensblockade die Krönung der Entwicklung.

Damit wird aber noch die Frage offen gelassen, ob nicht etwa die Friedensblockade in ihrer historischen Form eine Gestalt angenommen hat, die sich mit dem Begriff der Repressalien oder überhaupt des nichtkriegerischen Zwanges nicht mehr verträgt. Diese Frage ist zu stellen im Hinblick einmal auf das Verhältnis zwischen den Konfliktsstaaten, zum andern auf das Verhältnis zwischen den Streitteilen und dritten Staaten.

II. Die meisten Theoretiker des kriegerischen Zwanges und manche Theoretiker des Neutralitätsprinzips (vgl. oben

---

[1] Bulmerincq im Institut, Ann. IX, 299; Carnazza-Amari II, 591; Heffter, Heffter-Geffken 242; Martitz 459; Pradier-Fodéré V, 752. Die Polemik gegen die Bezeichnung als Repressalie bei Holland 145 f. sieht nur auf den Grund, nicht auf die Form der Maßregel.

§§ 18, I und III; 19, I) behaupten, die Blockade trete als feindselige Handlung an und für sich aus dem Rahmen nichtkriegerischer Selbsthilfe heraus, ihre Anwendung begründe ohne weiteres den Kriegszustand. Demgegenüber hat schon Bulmerincq darauf hingewiesen, daß ein feindseliger Akt nicht notwendig zugleich kriegerisch zu sein brauche [1]. Neuerdings wird geltend gemacht, die Anwendung der Maßregel lasse die Verwischung der so wichtigen Grenzen zwischen kriegerischer und nichtkriegerischer Gewalt besorgen [2]. Diese Besorgnis ist unbegründet; die früher (§ 14, I, 2) besprochenen Merkmale der Repressalienhandlungen — Vereinzelung und Einseitigkeit — vermögen auch die schroffsten Formen feindseliger, aber nichtkriegerischer Handlungsweise von der zusammenhängenden und zweiseitigen Aktion des Krieges zu scheiden.

Häufig wird gegen die Zulassung der Friedensblockade als Selbsthilfemittel angeführt, sie verletze die Billigkeit und den Grundsatz der Gleichheit aller Staaten. Sie sei eine Waffe in der Hand des Starken gegen den Schwachen [3] und gegen mächtige Staaten überhaupt nicht anwendbar [4]. Demgegenüber hat Perels richtig ausgeführt: „Quant à l'égalité du droit entre les États, il faut distinguer entre le droit et la possibilité d'exercer un droit. Le droit d'exercer un blocus existe contre tous les États, bien qu'il ne soit possible que contre les faibles“ [5]. Zutreffend hat man ferner darauf hingewiesen, daß eine solche „Unbilligkeit“ gleicherweise gegen die rechtliche Zulässigkeit des Krieges wie gegen die Zulässigkeit des Embargo und der Beschlagnahme ins Feld geführt werden könne [6]. Noch weitergehend wird man sagen müssen: Die

---

[1] Staatsstreitigkeiten 125. Treffend neuerdings Söderquist 136.

[2] Baty 607; Westlake II, 17.

[3] Baty 606; Bulmerincq, Bloc. pac. 575; Carnazza-Amari II, 625; Kleen I, 648; Taylor 445; Westlake II, 17.

[4] Geffken, Contrerapport, Ann. IX, 289 und 293 (Rev. 379/382; Journal 587/590); Neutralität 747; Rontiris 231.

[5] Verhandlungen des Instituts, Ann. IX, 296.

[6] Barclay 489; Oppenheim II, 48; Pradier-Fodéré V, 757.

Tauglichkeit nur in der Hand des Stärkeren gegen den Schwächeren ist ein Begriffsmerkmal überhaupt jeder, also auch der völkerrechtlichen Selbsthilfe. Läßt man einmal die Selbsthilfe im Völkerrecht zu — und darüber herrscht kein Streit —, so muß man jene „Unbilligkeit" notgedrungen mit in Kauf nehmen.

Nicht mit in Kauf nehmen muß man dagegen die von Westlake gezogene Konsequenz, daß die Friedensblockade, wenn anders zugelassen, ebenso wie der Krieg ohne Rücksicht auf ihren Rechtsgrund als legitim anzusehen sei[1]. Wie früher (§ 3, III) betont, ist die Voraussetzung legitimer nichtkriegerischer Selbsthilfeübung immer eine iusta causa. Einzig und allein beim Krieg entfällt die Frage nach dem Rechtsgrund; eine Blockade, die nicht wenigstens im Sinne ihrer Urheber auf eine iusta causa gestützt wird, ist deshalb stets als Kriegsmaßregel zu betrachten.

III. Die Frage der Ausdehnung der Blockadewirkungen auf die Schiffe unbeteiligter Nationen hat von jeher den Angelpunkt der gegen die Friedenssperre gerichteten Angriffe gebildet (siehe oben § 19). Auch die Verteidiger der Maßregel geben zu, daß die Bedenken gegen ihre Zulassung in diesem Punkte gipfeln[2]. Solche Erkenntnis führte zu den Versuchen der Theoretiker der künstlichen Limitation (§ 21), zur Konstruktion von Blockadeformen, bei denen die Freiheit des unbeteiligten Handels gewahrt würde. Solche Blockaden sind denkbar und können unter besonderen Umständen von Erfolg begleitet sein; die häufig wiederkehrende Behauptung, daß derartige Maßregeln durchaus illusorisch seien[3], widerlegt sich durch die Tat-

Die bei Barès 96 ff. vertretene Anschauung, daß die Durchführung unbilliger Maßregeln gegen Schwache in der Regel durch innere und äußere Proteste verhütet werde, ist allzu sanguinisch.

[1] Westlake II, 18.

[2] Bulmerincq, Bloc. pac. 575; Staatsstreitigk. 126; Ducrocq 68; Rivier, Lehrbuch 376; Principes II, 198; Rolin-Jaequemyns, Chronique, Rev. d. dr. int. XVIII, 619; Rontiris 236.

[3] Barclay 489; Ducrocq 60; Fauchille 53; Geffken,

sache der erfolgreichen Blockade von 1886. Nur soviel ist zuzugeben, daß diese Zwangsform gegenüber dem Embargo im gegnerischen Territorialmeer keine wesentliche Verschärfung enthält und eine besondere Erörterung ihrer Zulässigkeit überflüssig machen würde. Überflüssig sind alle Erörterungen über das Erfordernis der Notorietät und Effektivität einer solchen Sperre; denn wenn die blockierende Macht sich beschränken muß auf die Wegnahme der gegnerischen Schiffe, die sie ebenso gut ohne Aufstellung einer Blockadekette und ohne vorherige Ankündigung durch einfache Beschlagnahme wegnehmen könnte, dann muß ihr auch überlassen bleiben, ob und in welchem Grade sie ihre Sperrmaßregeln effektuieren und bekanntgeben will[1]. Zur Erörterung aber steht hier nicht eine künstliche, sondern die historische Form der Blockade, die ihr Verbot auch gegen Dritte richtet.

Aussichtslos bleibt jeder Versuch, die Friedensblockade mit Cauchy als einen isolierten Kriegsakt zu rechtfertigen[2],

---

Contrerapport, Ann. IX, 288 (Rev. 379; Journal 587); Martens II, 474; Wharton III, 409. Die Behauptung bei Geffken, Neutralität 747, bei Beschränkung der Sperre auf die Fahrzeuge der beteiligten Nationen entfalle der Begriff der Blockade, entbehrt jeder Begründung; vgl. dagegen oben § 2, II, 1.

[1] Diese Konsequenz hat von allen prinzipiellen Verfechtern der limitierten Blockadeform allein Hogan 36/39 zu ziehen gewagt; vgl. dazu die Gegenbemerkung bei Westlake, Pac. Bl. 22.

[2] Solche Versuche werden von Pradier-Fodéré V, 763 mitgeteilt: Nach Massé haben Unbeteiligte nicht über das Recht des Blockierenden und demzufolge auch nicht über die zur Durchführung dieses Rechtes angewandten Mittel zu urteilen; nach Antoine ist die Blockade mit Wirkung gegen Dritte schon deshalb zuzulassen, weil die Maßregel ohne solche Ausdehnung für den Blockierenden lästiger wäre als für den Blockierten; nach Desjardins liegt kein Grund vor, die im Kriege zugelassene Ausdehnung im Frieden zu versagen. Alle drei Theorien stellen sich augenscheinlich auf den Standpunkt des Blockierenden als einer kriegführenden Macht. Auf dasselbe läuft es hinaus, wenn Söderquist, ein moderner Cauchy, die Friedensblockade der Kriegsblockade gleichstellt und ein vom Kriegsrecht wie vom Friedensrecht unabhängiges Sonderrecht der Blockade annimmt (siehe oben § 20, III); denn da ein den Kriegszustand wie den Friedenszustand durchkreuzender Blockadezustand von einheitlichem Charakter nicht denkbar ist, wird mit jener Gleichstellung nur die Auffassung gestützt, daß eine im Friedenszustand verhängte Blockade nichts anderes sei als eine Kriegsblockade.

unfruchtbar überhaupt jede Bemühung, die „zum Ausgangspunkt nimmt das Recht der Kriegsblockade oder allgemein das Recht der Neutralen; denn die Maßregel hat keine Beziehung zum Krieg, und ein Recht der Neutralen existiert nur in Kriegszeit“ [1]. Es erübrigt sich daher eine Prüfung der Kriegsblockadetheorien auf ihre Verwendbarkeit für die Friedensblockade, wie sie Barès [2] unternommen hat. Dagegen ist mit Perels darauf hinzuweisen, daß jeder Staatenkonflikt, welcher Art er auch sei, notwendig und naturgemäß die Interessen dritter Nationen in Mitleidenschaft zieht, und daß es keinen Rechtssatz gibt, der die Konfliktstaaten dazu zwingt, sich zur Beilegung ihres Streites nur solcher Mittel zu bedienen, deren Anwendung eine Belästigung Dritter ausschließt [3]. Hiergegen wendet nun Holland ein, daß die Friedenssperren sich insofern von anderen nichtkriegerischen Zwangsmitteln unterschieden, als diese nur eine indirekte, jene eine direkte Störung des unbeteiligten Handels mit sich brächten [4]. Diese Behauptung ist nicht richtig. Auch andere, anerkannt nichtkriegerische Zwangsmittel involvieren eine solche direkte Störung, ein direktes Verbot des unbeteiligten Handels. So ist die Okkupation und Sequestration gegnerischen Gebietes als Repressalienhandlung von der Staatenpraxis allgemein anerkannt [5], von der Theorie vielfach gebilligt [6]. Was aber hindert den Okkupanten, in Ausübung der zeitweilig auf

---

[1] Perels, Rapport, Ann. IX, 284 (Rev. 251; Journal 728).

[2] Barès 58 ff.

[3] Perels a. a. O. 279 ff. (Rev. 247 ff.; Journal 723 ff.). In diesem Punkte ist Perels, wie Barès 111 richtig bemerkt, von Geffken, Contrerapport, Ann. IX, 290 (Rev. 380; Journal 588) nicht nur nicht widerlegt, sondern nicht einmal ernstlich bekämpft worden. Geffken weiß sich nicht anders zu helfen, als daß er auch hier wieder auf den Begriff der Neutralität zurückgreift.

[4] Holland 141.

[5] Auch beim türkisch-italienischen Konflikt vom Frühjahr 1908 (siehe oben § 12, I, 1) war von seiten Italiens für den Fall hartnäckiger Weigerung der Pforte die Okkupation einiger Inseln des ägäischen Meeres vorgesehen.

[6] Ferguson II, 229; Heilborn, Völkerrecht 1053; Rivier, Principes II, 196; Zorn 242; ebenso auch selbst Holland 132/141.

ihn übergegangenen Gebietshoheit dem fremden Handel in den okkupierten Häfen sanitätspolizeiliche oder zollpolitische Beschränkungen aufzuerlegen? Der Satz, an sich zulässige Zwangsmittel dürften doch niemals die Interessen Dritter berühren, beruht tatsächlich, wie Perels richtig bemerkt, auf einer reinen petitio principii.

Zur Erklärung der Rechtswirkung der Blockade gegen Dritte ist demnach nicht notwendig die Berufung auf einen dem Kriegszustand analogen „Repressalienzustand" und eine der Neutralität analoge „Quasineutralität." Gleichwohl ist die Annahme eines solchen Zustandes durchaus nicht von der Hand zu weisen. Die scharfe Polemik, die namentlich Geffken[1] gegen den von der französischen Regierung im chinesischen Konflikt vorgeschützten „état de représsailles" geführt hat, ist nur insoweit berechtigt, als die damalige Aktion in Wirklichkeit eine kriegerische gewesen ist (siehe oben § 14, I, 2). Im übrigen bedarf das eigentümliche Rechtsverhältnis, das durch Setzen eines Repressaliengrundes zwischen Staaten erzeugt wird, der eigentümliche Schwebezustand, der zwischen der Unrechtsübung und ihrer Sühne durch die rächende Repressalienhandlung gelegen ist, weniger der grundsätzlichen Bekämpfung als einer eingehenden Untersuchung.

IV. Die von der historischen Friedensblockade in Anspruch genommene Sanktion — Sequestration der gegnerischen wie der unbeteiligten Schiffe, vgl. oben § 16, III, 2 — entspricht durchaus dem Rechtscharakter eines nichtkriegerischen Zwangsmittels.

Mit richtigem Empfinden hat man den von der älteren englischen und französischen Praxis beliebten Grundsatz der Konfiskation fallen lassen. Die Konfiskation des Blockadebrechers im Krieg ist nichts anderes als ein Niederschlag der uralten Idee des Beuterechts, somit eine nicht

[1] Geffken, Völkerrechtl. Fragen 149; France en Chine 145 („cet état bizarre"); ähnlich Ducrocq 46; Kleen I, 652 Note 1. Anderseits aber vgl. Barès 110.

der Blockade, sondern dem Krieg als solchem eigentümliche Rechtsfolge. Die nichtkriegerische Selbsthilfe kann ihrer Natur nach kein Beuterecht gewähren, sondern nur einen Anspruch darauf, die einmal erlaubten Mittel auch Dritten gegenüber in Wirksamkeit zu erhalten, bei der Blockade also den Anspruch darauf, die Sperre auch Dritten gegenüber durchzuführen. Diesem Anspruch wird genügt mit Zulassung der Sequestration oder Detention[1] der Blockadebrecher. Es würde ihm nicht genügt mit der von Bulmerincq und im Institut von Perels vorgeschlagenen einfachen Zurückweisung (oben §§ 20, III S. 133 Note 4; 21, I). Solche „Zurückweisung" oder „Hinderung" des Blockadebruchs ist rechtlich nicht begreifbar. Wird sie gedacht als bloßes Verbot einer Überschreitung der Blockadelinie ohne die Möglichkeit des Zwanges im Falle des Ungehorsams, so enthält sie ein wesenloses und völlig illusorisches Recht. Wird sie gedacht als Verbot des Durchbruchs mit der Möglichkeit gewaltsamer Festhaltung im Ungehorsamsfalle, so muß sie in der Praxis sich mit der Detention decken[2].

Die Dauer der Detention oder Sequestration muß sich aus ihrem Zweck der Aufrechterhaltung der Sperre bestimmen; die genommenen Fahrzeuge sind freizugeben, sobald die Sperre ihr Ende gefunden hat. Zu einer Entschädigung der Schiffseigentümer für die aus der Beschlagnahme ihnen erwachsenen Verluste kann die blockierende Macht nicht verpflichtet sein. Denn da sie mit der Verhängung der Sperre nur von ihrem guten Recht

---

[1] Eine begriffliche Scheidung der beiden Ausdrücke findet sich nirgends. Sie wäre wohl nur dahin zu geben, daß mit „Sequestration" die länger dauernde, mit „Detention" die nur auf kurze Zeit berechnete Feststellung bezeichnet werde. Doch wird auf diese verschwimmende Unterscheidung am besten ganz verzichtet.

[2] Vgl. Pradier-Fodéré V, 770: „ . . . le droit admis par Bulmerincq et Pérels d'empêcher les navires des nations tierces de franchir la ligne de blocus, c'est-à-dire le droit de détenir provisoirement ces navires (car si dans la pensée de ces maîtres en droit international le mot empêcher, ne signifiait pas, le cas échéant, détenir momentanément, l'expédient admis par eux serait inopérant)."

Gebrauch macht, hat der Blockadebrecher derartige Verluste sich allein zuzuschreiben.

Die Entscheidung über die Rechtsmäßigkeit der Beschlagnahme und Sequestration ist auch bei der Friedensblockade Sache der Prisengerichte. Mangels besonderer Bestimmungen müssen für die Organisation der in Zeiten nichtkriegerischer Zwangsübung ins Leben tretenden Prisengerichtsbarkeit die für den Kriegsfall vorgesehenen Prisenordnungen analoge Anwendung finden. Ebenso wird der von der zweiten Haager Konferenz 1907 geschaffene internationale Prisengerichtshof[1] analog auch über die in nichtkriegerischer Zwangsübung genommenen Prisen als Appellationsinstanz entscheiden müssen.

V. Die Versuche, die Frage der Konterbande in das Problem der Friedensblockade hineinzuziehen[2], sind zurückzuweisen. Wird die Wirkung einer ordnungsgemäßen Blockade, wie 1897, auf Gegenstände quasi-feindlicher Bestimmung beschränkt, so unterscheidet sich eine derartige Beschränkung in nichts von jeder beliebigen andern Restriktion der Blockadewirkungen. Eine von der Blockade unabhängige, der Kriegskonterbande analoge Modifikation der internationalen Handelsfreiheit ist von der Staatenpraxis in Zeiten nichtkriegerischer Selbsthilfeübung niemals in Anspruch genommen worden[3]; als Frankreich im chinesischen Konflikt von 1884/85 zur Beschlagnahme von Konterbande überging, befand es sich bereits im Kriegszustand[4].

VI. Es ergibt sich:

Die Friedensblockade in ihrer historischen, auch gegen Dritte wirksamen Form ist eine

---

[1] „Convention relative à l'établissement d'une Cour internationale des prises" vom 18. Oktober 1907 bei Kohler, Zweite Haager Konferenz 542 ff.; zur Entstehungsgeschichte vgl. Chronik in Kohlers Zeitschrift II, 197 f. und 599; Fried, Zweite Haager Konferenz 121 ff. Die Konvention wird von Huber 472 als das wertvollste Ergebnis der ganzen Konferenz bezeichnet.

[2] Oben § 21, S. 141 Note 5.

[3] Vgl. das Urteil des französischen Staatsrates vom 25. März 1848, oben § 10, I.

[4] Oben § 14, I.

rechtmäßige Repressalienhandlung. Ihre materiellrechtlichen Voraussetzungen sind die der Repressalienhandlungen überhaupt, ihre formalen Voraussetzungen die der Kriegsblockade. Ihre Rechtsfolge ist die Sequestration der Blockadebrecher ohne Schadensersatz.

§ 25.

Der Kulturwert der Friedensblockade.

Die Friedensblockade ist nach den bisherigen Ausführungen zu betrachten als ein Institut des geltenden Rechts. Ob sie es wert ist, das zu sein, ob sie verdient, als Rechtsinstitut auch der Zukunft erhalten zu werden, ist eine eigene Frage, die nicht mit der Frage des positiven Rechts vermengt werden darf.

Alle wertvolle Rechtsentwicklung zielt darauf ab, das Recht den Bedürfnissen des Lebens anzupassen. Für die Wertung einer Rechtseinrichtung muß daher der Grad ihrer Anpassung an die gegenwärtigen und der Grad ihrer Anpassungsfähigkeit an die künftigen Zeitverhältnisse den Maßstab abgeben. Mehr als jeder andere Rechtszweig bedarf das Völkerrecht noch der Ausgestaltung und Fortbildung im Sinne der modernen Kultur und ihrer Tendenzen. Diese Tendenzen weisen auf ein doppeltes Ziel: einmal wird angestrebt eine allgemeine Annäherung der Nationen, eine durchgreifende Ausgleichung ihrer verschiedentlichen Eigentümlichkeiten, die Vermenschlichung der internationalen Beziehungen, zum andern eine weitgehende Berücksichtigung der Mannigfaltigkeit der konkreten Erscheinungen, die Achtung und Pflege der individuellen Sonderart. Diese Ideen der Humanisierung und Differenzierung müssen auch die leitenden Gedanken bilden in der Evolution des Völkerrechts.

Beiden Gedanken trägt das Institut der Friedensblockade Rechnung.

I. Daß die Anwendung der Friedensblockade gegenüber der Übung unbeschränkten kriegerischen Zwanges einen humanitären Fortschritt bedeute, ist von einer ganzen Gruppe von Schriftstellern zum Hauptargument für die Maßregel erhoben, von andern wenigstens betont worden [1]. Die entgegengesetzten Behauptungen von Geßner, der in der Blockadeübung einen humanitären Rückschritt, und von Neumann, der in ihr gar eine „Rückkehr zur Barbarei des Mittelalters" erblicken will, entbehren jeder Begründung [2]. Wenn anderseits Martens die Rechtfertigung aus Gesichtspunkten der Humanität als eine ungenügende bezeichnet und Baty darauf hinweist, daß Erwägungen der Humanität niemals die Illegalität entschuldigen könnten, so liegt darin schon das Zugeständnis des humanen Charakters der Maßregel [3].

Es bedarf keiner Erörterung, daß eine Zwangsübung, welche die Blockadebrecher unbeteiligter Nationalität nur mit Sequestration bedroht und eine Beschlagnahme wegen Konterbande nicht kennt, die Interessen des Welthandels weniger alteriert, als der Kriegszwang, der den Blockadebruch wie die Konterbande durch Konfiskation ahndet [4]. Wie jedes nichtkriegerische Zwangsmittel hat mitunter auch die Blockade sich als unzureichend erwiesen, den Widerstand des Gegners zu brechen, so daß die blockierende

---

[1] Siehe oben § 20, II; außerdem Barclay 489; Bulmerincq, Blocus pacifique 579; Staatsstreitigk. 125; Fiore II, 604 (§ 1324); Oppenheim II, 48; Perels, Rapport, Ann. IX, 278 (Rev. 248 Journal 722); Rontiris 234; Westlake II, 17.

[2] Geßner, Droit des neutres 239; Neumann im Institut, Ann. IX, 298.

[3] Martens II, 474; Baty 609.

[4] Pradier-Fodéré V, 765 bezeichnet die Blockade als legitim, macht ihr aber den Vorwurf der Unbilligkeit, da sie privates Eigentum treffe. Allein solche Unbilligkeit durchzieht das ganze Völkerseerecht und wird in absehbarer Zeit auch nicht aus dem Leben der Völker verschwinden; über die Berechtigung und die Zukunft des Seebeuterechts neuerdings Hammann 21 ff. Auch sonst wird in älterer und jüngerer Zeit gegen die Repressalien überhaupt der Vorwurf der Unbilligkeit in diesem Sinne erhoben; vgl. Berner 599/600; Carnazza-Amari II, 606 ff.

Macht sich veranlaßt sah, zum wirklichen Krieg überzugehen. In solchen Fällen ist der Kriegsausbruch natürlich nicht auf die Blockadeübung, sondern auf den vorangegangenen Interventions- oder Repressaliengrund zurückzuführen; es ist nicht infolge, sondern trotz der Blockade zum Krieg gekommen. In andern Fällen wieder hat die Friedensblockade zweifellos den Kriegsausbruch hintangehalten. Damit rechtfertigt sich der Schluß:

Vom Standpunkt der Humanität aus ist die Friedensblockade zu begrüßen als ein Mittel, durch dessen Anwendung in geeigneten Fällen die schlimmeren Übel eines Krieges zu vermeiden sind.

Der großen Aufgabe, in gewissen Fällen den Krieg hintanzuhalten, vermag freilich die Friedensblockade wie überhaupt die nichtkriegerische Selbsthilfe nur dann gerecht zu werden, wenn ihre Übung allen jenen Garantieen unterworfen wird, mit denen das heutige Recht die Kriegseröffnung umgeben hat. Das Haager „Abkommen zur friedlichen Erledigung internationaler Streitfälle“ [1], das schon seinem Wortlaut nach nicht lediglich kriegerische Konflikte im Auge hat, bietet fakultativ auch Mittel zur Beilegung von Streitfällen, die an sich zu nichtkriegerischer Selbsthilfe führen könnten [2]. Die zweite Haager Akte vom 18. Oktober 1907 enthält mehrere Konventionen, die für die Übung nichtkriegerischen Zwanges von einschneidender Bedeutung sind. Die vereinbarte Beschränkung der Gewaltanwendung zum Zweck der Eintreibung von Privatschulden [3] hat in erster Reihe gerade die nichtkriegerische Gewalt im Auge. Andere Vereinbarungen, die ausschließlich kriegerischen

[1] „Convention pour le reglement pacifique des conflits internationaux“ vom 29. Juli 1899, in der revidierten Fassung vom 18. Oktober 1907 bei Kohler, Zweite Haager Konferenz 506 ff., ebenso bei Huber 618 ff.

[2] Dieses Umstandes tun übrigens die Spezialwerke von Mérignhac (Conférence internationale de la paix) und Meurer (Haager Friedenskonferenz I), soweit ersichtlich, keine Erwähnung.

[3] „Convention concernant la limitation de l'emploi de la force pour le recouvrement de dettes contractuelles“ bei Kohler a. a. O. 533; vgl. Fried, Zweite Haager Konferenz 119 ff.

Zwang ins Auge fassen, müssen wenigstens analoge Anwendung finden. Wenn die Konferenzmächte sich verpflichtet haben, der Eröffnung von Feindseligkeiten eine unzweideutige Ankündigung durch Kriegserklärung oder Ultimatum und eine Mitteilung an die unbeteiligten Regierungen vorangehen zu lassen [1], so besteht eine solche Verpflichtung auch für den Fall nichtkriegerischer Zwangsübung; für die Friedensblockade, bei der die Notifikation Ankündigung und Mitteilung ersetzt, ergibt sich insbesondere die Notwendigkeit der diplomatischen Notifikationsform [2]. Aus der Abmachung, bei Kriegsausbruch feindlichen Schiffen Gelegenheit zur Flucht zu geben und Fahrzeuge, denen der Kriegsausbruch unbekannt blieb, überhaupt nicht zu konfiszieren [3], resultiert für die Friedensblockade die Empfehlung der Gnadenfrist und die Notwendigkeit der Spezialnotifikation. In allen diesen Punkten hat übrigens die gute Übung (oben § 16, III, 3) bereits vorgearbeitet.

II. Auch als Element fortschreitender Kultur- und Rechtsdifferenzierung ist die Friedensblockade der Erhaltung wert.

Welchen Umfang immer die internationale Schiedssprechung noch annehmen mag, sie wird niemals in der Lage sein, reine Interessenkonflikte zu lösen [4]. Für solche Konflikte wird stets die Selbsthilfe ihre Bedeutung sich wahren. Anderseits wird der Krieg, die

---

[1] „Convention relative à l'ouverture des hostilités" bei Kohler a. a. O. 535 f., ebenso bei Huber 625 ff. Die Kritik der Konvention bei Söderquist 135 („cette stipulation est d'un caractère purement platonique") geht viel zu weit; eine eingehende Würdigung gibt Huber 572 ff.

[2] Wenn Westlake, Pac. Bl. 14 behauptet, die Friedensblockade durchbreche die Regel der in Rede stehenden Konvention, so ist dies meines Erachtens eine völlig verkehrte Anschauungsweise. Eine für den Kriegsfall aufgestellte Regel kann in Friedenszeiten nicht durchbrochen, sondern höchstens analog angewandt werden.

[3] „Convention relative au régime des navires de commerce ennemis au début des hostilités" bei Kohler a. a. O. 499 ff.

[4] Wenn Nippold in den früher (S. 78 Note 1) zitierten Darlegungen ausführt, daß auch aus jedem Interessenkonflikt gewisse Rechtsfragen herauszuschälen seien, so mag das richtig sein. Kann aber durch die

ursprünglichste Form der Selbsthilfe, je weiter die Ausgestaltung des Weltverkehrs voranschreitet, um so mehr die wirtschaftlichen Interessen aller Länder in Mitleidenschaft ziehen und damit den Wunsch nach seiner tunlichen Vermeidung immer mehr rege machen. So drängt die Entwicklung der Dinge deutlich auf eine genaue Durchbildung des Systems der nichtkriegerischen Selbsthilfemittel. Schon mehrfach (§§ 5, I; 16, II; 24, I) wurde gezeigt, wie die moderne Praxis und Theorie zu immer mannigfaltigeren und eingreifenderen Formen der Repressalienhandlungen übergegangen ist und wie in dieser organischen Kette der Erscheinungen die Friedensblockade nur das Schlußglied bildet. Dieses Streben hat seinen inneren Grund: Die Verschiedenartigkeit der modernen Beziehungen bedingt eine gleiche Verschiedenartigkeit der modernen Staatenkonflikte, die Differenzierung der Konflikte eine gleiche Differenzierung der Selbsthilfemittel.

III. Hiermit löst sich der eingangs besprochene Antagonismus einer Verbindung des Kriegsmittels der Blockade mit der Idee des Friedens. Gegenüber der fortschreitenden Humanisierung und Differenzierung der internationalen Beziehungen müssen die althergebrachten Kategorien des Krieges und des Friedens ihre absolute Anwendbarkeit verlieren; die wesentlich neue Kategorie der nichtkriegerischen Selbsthilfe tut sich auf und entlehnt mangels einer eigenen hergebrachten Terminologie ihre technischen Ausdrücke von beiden Seiten. Die Zwitterstellung der Erscheinungen dieser Kategorie beruht sonach nicht sowohl auf ihrer Natur, als auf der Betrachtungsweise des Beschauers, der zumeist in den Ideenkreisen der alten Kategorien des Krieges und des Friedens befangen ist. Dies gilt auch für die Theorie der Friedensblockade. Aufgabe der Wissenschaft ist es unter

---

Entscheidung solch' sekundärer Rechtsfragen die primäre Interessenfrage in annehmbarem Sinne gelöst werden? Durch die Entscheidung welcher „Rechtsfragen" hätte etwa der deutsche Krieg von 1866 oder der deutsch-französische Krieg von 1870/71 verhütet werden können? Gegen Nippold siehe auch Ullmann 432.

diesen Umständen nicht, „de lancer l'anathème contre cette espèce de monstre qui, dans le domaine du droit international, portait la torche de la guerre sous la forme d'un branche d'olivier"[1]; Aufgabe der Wissenschaft ist es vielmehr, den neuen Erscheinungen neue Rechtsbegriffe zu unterstellen.

Der Rechtsbegriff der Friedensblockade ist fortbildungsfähig und fortbildungsbedürftig. Welche Richtung die Entwicklung nehmen wird, ist heute noch ungewiß. Ob die Maßregel in verschiedenen Formen ihre Ausgestaltung finden wird, je nachdem sie im Verfolg eines Repressalien- oder eines Interventionsanlasses[2], von einem einzelnen Staat oder von der Vereinigung der Großmächte, dem „europäischen Konzert" geübt wird[3], mag dahingestellt bleiben. Unfraglich werden Praxis und Theorie einmal dazu gelangen, auch diesen heißumstrittenen Begriff zu konsolidieren, und dann — aber erst dann — wird die Zeit gekommen sein, wo die Friedensblockade zusammen mit den übrigen Mitteln der nichtkriegerischen Selbsthilfe eine Kodifikation erfahren kann. Dann wird auch für diese Maßregel an Stelle des Versuchens und Forschens die gewissenhafte Anwendung gesetzten Rechtes treten können, dann endlich wird die „kritische Periode" abgelöst werden durch eine „positive Periode," eine Epoche sicheren Rechts.

---

[1] Rontiris 232.

[2] Nach Holland 145 kann für die „as intervention" geübte Friedensblockade eher eine Ausdehnung auf die Schiffe Unbeteiligter zugelassen werden als für andere Anwendungsfälle. Siehe dagegen oben § 3 passim.

[3] Vgl. Holland 140, 150; Brusa im Institut, Ann. IX, 298. Siehe dagegen oben § 16 a. E.

FSC
www.fsc.org
MIX
Papier | Fördert gute Waldnutzung
FSC® C083411

Kolibri 360 GmbH
Ferdinand-Jühlke-Straße 7
99095 Erfurt, Deutschland
produktsicherheit@kolibri360.de

Druck:
CPI Druckdienstleistungen GmbH
im Auftrag der
Kolibri 360 GmbH
Ferdinand-Jühlke-Str. 7
99095 Erfurt